Okka Rohd

VÖLLIG FERTIG
und irre glücklich

Meine ersten Jahre als Mutter

Rowohlt Taschenbuch Verlag

2. Auflage Oktober 2014

Originalausgabe
Veröffentlicht im Rowohlt Taschenbuch Verlag,
Reinbek bei Hamburg, Oktober 2014
Copyright © 2014 by Rowohlt Verlag GmbH,
Reinbek bei Hamburg
Satz Documenta ST, InDesign,
bei Dörlemann Satz, Lemförde
Druck und Bindung
CPI books GmbH, Leck, Germany
ISBN 978 3 499 60121 7

Für euch beide.

… TEIL 1

19. März
Ich bin schwanger.
　Ich stehe im Badezimmer und bin schwanger.
　Verdammt, ich bin wirklich schwanger.
　Der Test zeigt eindeutig zwei Streifen.

Hinter der Tür, nur ein paar Schritte entfernt, sitzt er am Küchentisch und liest die Nachrichten. Wenn er tut, was er immer tut, gießt er sich gerade einen Kaffee ein, den er dann vor der Kaffeemaschine stehen lässt, bis er schon fast kalt ist. Jedes Mal, wenn ich ihn frage, was er denn an lauwarmem Kaffee findet, fragt er zurück, warum ich immer bloß die Hälfte von meinem Kaffee trinke und keinen Becher je zu Ende, dann könne ich mir doch gleich nur einen halben Kaffee einschenken. Da hat er recht, also frage ich nicht mehr. Vielleicht steht er auch gerade am Küchenfenster und raucht eine Zigarette und flucht über den Berliner Winter, der gemeine Berliner Winter, als wäre die Stadt zu lange in der Waschmaschine gewesen, die ganzen Farben rausgewaschen. Es ist ein Morgen wie viele Morgen, ein Tag wie viele Tage. Bis ich hinübergehen und es ihm sagen werde.

Ich habe mir diesen Moment so oft vorgestellt. Wie auf den beiden Feldern zwei dicke Streifen erscheinen, erst einer, dann zwei – zwei unmissverständliche Streifen. Wie ich ihm in die Arme falle. Wie ich «Liebling, ich bin schwanger» sage. Wie er meinen Bauch streichelt, auch wenn da noch überhaupt kein Babybauch ist. Die Vorstellung war wie ein Lieblingssong, ich spielte sie in meinem Kopf wieder und wieder. Jetzt stehe ich hier und habe kalte Füße, weil ich vergessen habe, die Heizung im Bad aufzudrehen, und fühle nichts und alles zugleich. Ich freue mich, natürlich freue ich mich, aber so leise, dass nicht mal ich selbst es mir anmerken würde. Ich bin erleichtert. Ich bin nervös. Ich habe Schiss.

Weil ich nicht weiß, was ich tun soll, dusche ich erstmal. Ich wasche mir die Haare. Ich ziehe mir den Bademantel an, der irrsinnig weich ist und viel schwerer, als er aussieht. Dann lege ich meine Hände auf meinen Bauch und spüre, ob ich etwas spüre. Ich spüre nichts, binde den Bademantel aber trotzdem nicht ganz so fest zu. Ich bürste meine nassen Haare und creme mir das Gesicht ein und gucke, ob ich anders aussehe, aber ich sehe aus wie immer.

Und wenn er sich nicht freut?
    Wieso sollte er sich denn bitte nicht freuen?
    Müsste ich mich nicht ein bisschen mehr freuen?
    Viel mehr?
    Müsste ich nicht Muttergefühle haben?

Der Test in meiner Hand sagt mir, dass ich schwanger bin, aber glauben kann ich es trotzdem nicht. Auch nicht nach dem zweiten Test. Ich habe schon gestern und vorgestern einen machen wollen und mich dann doch nicht getraut. Was, wenn er negativ ist? Was, wenn ich nicht schwanger bin? Und was, wenn ich tatsächlich schwanger bin? Zwei Streifen, die alles verändern. Zwei Streifen, die aus einem Wunsch eine Realität machen. In meinem Bauch wächst ein kleiner Mensch. Ein kleiner Mensch, der irgendwann ein großer Mensch sein wird, der «Mama» sagt und «Papa» und «Was gibt's zum Abendbrot?». Ein Mensch, der lachen und tanzen und reden und weinen und lieben wird. Und ich werde die Mutter dieses kleinen Menschen sein. Ab jetzt und für immer.

«Ist etwas?», fragt er.
«Liebling, ich bin schwanger», sage ich.
Er sagt nichts. Er guckt nur. Dann steht er ganz langsam auf und umarmt mich. Dann setzt er sich wieder hin. Dann steht er wieder auf und umarmt mich noch mal.
Er sagt: «Zeig mal den Test.»
Er sagt: «Da sind echt zwei Linien.»
Er sagt: «Zeig mal den anderen Test.»
Er sagt: «Da sind auch zwei Linien.»
Ich sage «Jupp» und bereue es sofort.
Wie unglaublich romantisch. Er geht auf den Balkon, eine rauchen. Für eine Sekunde will ich auch aufstehen und eine rauchen, bisher haben wir immer alles gemeinsam beraucht. Aber ich bleibe sitzen und gucke auf die Streifen, die nicht verschwinden, egal, wie lange ich sie anstarre. Als er wieder hereinkommt, singt er. Er singt nie, er findet seine Stimme schrecklich, aber jetzt singt er, schief und laut und wunderschön. «Wir kriegen ein Kind,

wir kriegen ein Ki-hind.» Dann legt er seine Hand auf meinen Bauch und sagt «Hallo», nur das.

19. März
Ich hatte Angst. Ich ließ sie mir nicht anmerken, wie ich mir meine Gefühle oft nicht anmerken lasse. Aber sie war da.

Diese Angst, die sich im Körper ausbreitet, wenn man weiß: Jetzt gleich wird sich dein Leben ändern, nicht nur ein bisschen, sondern radikal. Man versucht, sich zu beruhigen, wird schon gut gehen, warum auch nicht, bisher ist doch immer alles gut gegangen. Aber die Selbstbeschwörungen lassen es einen nicht vergessen. Gleich wird sich dein Leben ändern. Gleich wird es anders weitergehen, sogar sehr anders.

Wir hatten uns ein Kind gewünscht. Aber es war keiner von diesen Wünschen, die man auf Wunschzettel schreiben kann: zwei Wochen Paris, dieses Buch, diese DVD, ein Schal für den Winter. Was wir uns wünschten, war viel ungefährer. Lange hatten wir diesen Wunsch nicht einmal ausgesprochen, fast so, als hätten wir Scheu vor ihm gehabt. Er hatte sich bei uns eingeschlichen. Immer öfter war da die Vorstellung gewesen, dass wir nicht mehr nur zwei, sondern drei sein sollten. Wir lagen auf dem Bett, wir saßen auf dem Sofa, wir sahen uns eine DVD an, und einer von uns beiden sagte: Wie es wohl wäre, wenn wir ein Kind hätten. Oder: Stell dir vor, da läge jetzt ein Baby, ein klitzekleines Bündel. Es war eine schöne Vorstellung, und je öfter sie sich einschlich, desto schöner wurde sie. Irgendwann wehrten wir uns nicht mehr gegen sie. «Bist du sicher?», fragte sie, ich nickte. «Wirklich?», wollte sie wissen, «ja wirklich», sagte ich.

Ein paar Monate später legte sie mir einen positiven Schwangerschaftstest hin, und gleich daneben einen zweiten.

Ich hatte Angst.

Ich hatte Angst, ob uns beiden die Liebe abhandenkommen würde, ob wir uns als zu blöd, unfähig, unreif, unentspannt herausstellen würden.

Ich hatte Angst, nicht der Vater sein zu können, der ich sein wollte.

Ich hatte Angst, ob ich es schaffen würde, den beiden ein Freund, Tröster, Ernährer sein zu können.

Es lag nicht daran, dass ich plötzlich Zweifel bekam. Aber sobald man erfährt, dass man jetzt besser keine Zweifel haben sollte, fangen die Selbstzweifel an.

Dazu kam etwas, was mich von ihr unterschied: Ich wusste schon, wie es ist, Kinder zu haben. Ich habe schon zwei. Sie sind längst erwachsene Menschen, großartige, meistens glückliche, liebenswerte Menschen, gut gelungen, wie man so sagt. Ich habe nicht sehr viel falsch gemacht mit ihnen. Und doch hunderttausende Male alles, befürchte ich.

Nichts wird mehr sein, wie es bisher gewesen ist, das wusste ich. Und es war doch so gut bisher, fragezeichenlos, wie sie immer sagt.

Sobald man ein Kind bekommt, kann man ziemlich oft nicht mehr, wie man gerade will – weil da immer jemand ist, den man füttern, anziehen, bespaßen, trösten, behüten muss, auch an den Tagen, an denen man krank ist, etwas Wichtiges zu erledigen hat, sich verkriechen möchte oder den Kopf mit Sorgen zergrübelt.

Ein Kind, hatte ich längst gelernt, ist so etwas wie der ultimative Charaktertest. Unter Normalbedingungen ist es recht einfach, einen erträglichen Charakter zu bewahren. Man ist ausgeschlafen, man schafft routiniert weg, was anliegt, das meiste läuft wie von selbst. Wenn man einander zu viel wird, geht man sich aus dem Weg, wenn einem die Decke auf den Kopf fällt, zieht man eine Nacht lang um die Häuser, betrinkt sich ein wenig oder stellt sich in einem Konzert vor den Lautsprecher, danach geht es wieder. Der Alltag hat viele Knautschzonen. Manchmal fühlt man sich trotzdem geschlaucht, manchmal kommt einem das eigene Leben langweilig vor, aber man weiß, was man dagegen tun kann.

Das wird jetzt anders werden. Nicht nur ein paar Wochen oder einige Monate lang, sondern ungefähr für die nächsten 20 Jahre. Oder länger.

Ohgottohgottohgott.

So eine Angst war das. Eine Riesenbammelschiss-Feigheitlähmungsangst.

Sie hat ungefähr fünf Minuten lang gedauert, die Zeit, die es braucht, eine Zigarette zu rauchen und der Angst hallo zu sagen. Da bist du ja wieder, Angst, alter Freund, wir kennen uns schon. Aber du wirst mich auch dieses Mal nicht kleinkriegen. Und in Wahrheit bin ich dir dankbar. Weil du mich daran erinnerst, wie kostbar es ist, was wir gerade vorhaben.

Dann bin ich glücklich gewesen, mit jeder Faser meines Bewusstseins, in jeder Zelle meines Körpers. Wir kriegen ein Kind. Wir kriegen ein Ki-hind! Es wird unser Leben durcheinanderbringen, alles über den Haufen werfen, was wir kennen oder zu kennen geglaubt haben. Ich kann es kaum erwarten.

20. März
Ich kann nicht schlafen. Ich denke daran, dass das Baby in meinem Bauch jetzt so groß ist wie ein Apfelkern. Wie kann aus etwas so Kleinem je etwas so Großes werden, ein Mensch? Ich denke daran, dass jetzt alles anders wird. Ich denke, dass wir Weihnachten zu dritt sein werden. Ich denke, dass ich dem Baby sein allererstes Weihnachtsgeschenk kaufen werde und es in das allerschönste Geschenkpapier einpacken werde, bloß um es dann selbst wieder auszupacken. Dann denke ich an das letzte Weihnachtsfest, an meine Schwester und an die Nacht vor Heiligabend, als wir so lange geredet haben, über uns, das Leben, das Glücklichsein.

Wenn ich mir einen Menschen vorstelle, der glücklich ist, dann denke ich an meine große Schwester. Meine große Schwester hat einen Mann, der sie liebt, seit er sie zum ersten Mal gesehen hat. Sie hat zwei hinreißende Kinder. Sie hat eine Doppelhaushälfte mit wunderschönem Garten, mit Gartenmöbeln und einem Sonnenschirm und Kräuterbeet. Sie schafft es vor der Arbeit ins Fitnessstudio, sie kann Kekse backen, die man besser nicht probiert, weil man sonst sofort alle aufessen muss. Sie ist irrsinnig schön, ohne das wirklich mitzubekommen, und wahnsinnig liebenswert. Meine große Schwester ist toll, und sie ist glücklich. Auf eine so schattenlose Weise, dass es mir manchmal weh tut.

Ich bin bisher nie wirklich irgendwo angekommen. Solange ich mich erinnern kann, war ich immer unterwegs – aber nie da. All die Beziehungen, die in die Brüche gingen, immer dann, wenn es schon richtig schmerzte. Dieser Mann, dem ich beharrlich hinterherliebte, obwohl er mir beharrlich weh tat. Die Jobs, die ich mir erarbeitete und dann wieder verlor, weil die Magazine, bei denen ich schrieb, eingestellt oder umgetopft wurden, in andere Städte. Man hätte es vielleicht Pech nennen können. Oder einfach bloß: Leben. Für mich fühlte es sich an wie ein ewiges Fast. Fast glücklich, fast liiert, fast da.

Bei meinem Weihnachtsbesuch hatte ich mich über meine Schwester lustig gemacht und mich hinterher schrecklich geschämt. Sie hatte mir stolz ihren neuen Kühlschrank gezeigt, so ein Riesenteil mit Gemüse- und Fleischfach, und ich hatte bloß gegrinst, über die Butter in der Butterdose im Butterfach, über den in eine Glaskaraffe umgefüllten Orangensaft, über die Wurst und den Käse in den Wurst- und Käse-Tupperdosen. Ich hatte gegrinst, weil ich sonst vermutlich geheult hätte. Es war nur ein verdammter Kühlschrank, aber genau das, wonach ich mich sehnte. Mama, Papa, Kind. Brückentage, Weihnachtsgeld, Jahresurlaub. Sicherheit, Ordnung, Systematik. Ein Leben mit Frischeverschluss.

Abends nach dem Zähneputzen hatte sie sich noch zu mir aufs Gästebett gelegt. Wir redeten, die Köpfe erst in die Hände gestützt, dann einfach so daliegend, mit geschlossenen Augen. Irgendwann sagte sie leise, wie sehr sie mich manchmal um mein Glück beneide und um mein Leben: und ich fiel ihr ins Wort: «Das ist doch nicht dein Ernst.» «Doch», sagte sie, «ich beneide dich um die große Stadt, in der du lebst, um die Zeit, die du dir so frei einteilen kannst, um die Zeit, die ihr für euch beide habt, um deine Arbeit, um die Menschen, die du triffst, und die Reisen, die du machst, um deine Unabhängigkeit, deine

Freiheit.» Ich sagte lange nichts, sie auch nicht, so lange, dass ich schon dachte, sie sei eingeschlafen, aber als ich ihr antwortete, setzte sie sich auf.

«Ich erzähl dir mal, wie glücklich ich bin: Ich weiß nicht, ob ich von meinem Beruf in zehn Jahren noch leben kann. Oder in einem Jahr. Ich weiß nicht, ob ich nächstes Jahr noch in Berlin lebe oder schon wieder in einer anderen Stadt. Ich weiß nicht, ob es eine gute Idee ist, ein Baby zu bekommen, weil ich Angst habe, dass ich ihm nicht genug Sicherheit bieten kann, obwohl ich endlich den einen Mann gefunden habe, mit dem ich eine Familie sein will. Ich habe eine Riesenangst, dass auch mit diesem Mann wieder alles kaputtgeht, weil bisher alles immer wieder kaputtgegangen ist. Ich weiß nicht, warum ich ständig von der Sehnsucht nach einem anderen, einem richtigeren Leben befallen bin. Ich weiß nicht, warum ich so untalentiert darin bin, zu sehen, was da alles ist. Ich wäre so gerne aus dem Gröbsten raus, aber ich bin im Gröbsten gerade erst drin. Ich bin 32 Jahre alt und neidisch auf deinen Kühlschrank. Weil dein Kühlschrank ist wie dein Leben, weil alles seinen Platz hat. Und weil mein verdammter Kühlschrank wie mein Leben ist, weil alles wild durcheinanderfliegt und das, was immer da sein sollte, meistens fehlt. Falls du das Glück nennst, ist es ganz schön chaotisch und von Melancholie angefressen.»

«Ist es das denn nicht immer», sagte meine Schwester, und ich liebte sie noch ein bisschen mehr.

24. März

Manchmal lege ich mich aufs Sofa und schließe die Augen und rede in Gedanken mit dem Baby. Das ist merkwürdig, weil kein Wort gesprochen wird und keine Antwort kommt, trotzdem bin ich mir sicher, dass das Baby versteht, was ich ihm sage.

«Hallo», denke ich. «Alles gut bei dir?»

«Ich bin deine Mama und heiße Okka. Ich dachte, du magst vielleicht wissen, in wessen Bauch du dich befindest.»

Es ist so albern. Es ist so schön.

«Okka ist ein ostfriesischer Name. In einem Namensbuch habe ich mal gelesen, dass Okka der Name einer Tee-Königin ist, ich habe allerdings nicht die geringste Ahnung, was eine Tee-Königin ist und mag sowieso viel lieber Kaffee. Ich habe dunkelblonde Haare, die bis zur Schulter gehen, blaue Augen und eine Nase, die ein bisschen zu groß für mein Gesicht ist. Dafür sind meine Ohren ein bisschen zu klein für meinen Kopf, meine Ohren sehen aus wie Kinderohren. Himmel, ich bin schon so gespannt, wie du aussiehst.»

«Ich komme aus Norddeutschland, das liegt ziemlich weit oben, fast am Meer. Ich liebe das Meer, am meisten, wenn es sehr windig ist. Das Meer hilft so ziemlich gegen alles.»

«Bevor ich dir mehr vom Meer erzähle, sollte ich dir von deinem Papa erzählen. Er ist groß, sehr groß sogar, fast zwei Meter. Er hat eine schwarze Brille. Es sieht lustig aus, wenn er neben mir steht, er ist zwei Köpfe größer, ich muss mich auf die Zehenspitzen stellen, wenn ich ihm einen Kuss geben will. Dein Papa ist ein Österreicher. Wenn er will, kann er wienerisch reden, dann klingen seine Worte, als wären sie mit Marzipan überzogen, meistens zieht er es allerdings vor, auf Österreichisch zu fluchen. Er ist unheimlich stark, nicht bloß, weil er so riesig ist, dein Papa lässt sich von so ziemlich gar nichts umwerfen. Dein Papa macht nicht viele Worte. Aber er hat viel zu sagen. Dein Papa hat riesige Füße. Er ist ein schrecklicher Morgenmuffel, und er ist schrecklich dickköpfig und chaotisch (Dinge, die übrigens auch auf mich zutreffen, jedenfalls, wenn du deinen Papa fragst). Dein Papa liebt Laugenbrötchen, starken Espresso, einen Sänger namens Bob Dylan und einen Schriftsteller namens Robert Musil. Dein Papa liebt deine Mama, und deine Mama liebt deinen Papa. Ich nenne deinen Papa immer «meinen Mann», obwohl wir nicht verheiratet sind. Wir sind nicht einmal verlobt, obwohl dein Papa endlich mal fragen könnte, ob ich ihn heiraten möchte, finde ich. Das würde mich freuen, auch wenn es nicht wichtig ist, ich habe mich nie verbundener mit einem Menschen gefühlt als mit deinem Papa. Ich habe mich einem Menschen nie näher gefühlt. Außer jetzt vielleicht dir.

Was kann ich dir noch erzählen? Dein Papa kann keine Witze erzählen, aber er hat einen guten Humor. Er liebt Bücher, aber er behandelt seine Bücher rabiat, er knickt sie, trägt sie mit sich herum und lässt sie aufgeschlagen herumliegen. Überall in der Wohnung stapeln sich Bücher, im Schlafzimmer, im Wohnzimmer, sogar in der Küche, wenn du da bist, können wir zusammen Büchertürme bauen. Er hat die schönsten und seltsamsten Augen, die ich je gesehen habe, sie wechseln die Farbe – und wenn man genau hinsieht, weiß man, welche Laune er gerade hat: mildgrün, gramgrau, sommernachmittagsbadeseeblau. Seit er weiß, dass es dich gibt, sind seine Augen sehr blau.»

Dann höre ich, wie er ins Schlafzimmer kommt. Ich weiß, er würde jetzt auch sofort mit dem Baby reden und mich kein bisschen auslachen, wenn er wüsste, dass ich mich mit ihm unterhalte. Aber ich möchte noch ein bisschen zu zweit sein, alleine mit meinem Bauch, der noch kein Bauch ist.

«Ich freu mich so auf dich», flüstere ich. «Hast du etwas gesagt?», fragt mein Mann. Statt zu antworten, schiebe ich meine eiskalten Füße zwischen seine Beine, und er protestiert, und ich sage: «Du weißt schon, dass ich schwanger bin, oder?» Und er lacht und macht das Licht aus und sagt: «Gute Nacht, ihr zwei.»

2. April

Der unspektakulärste und schönste Geburtstag, den ich je hatte. Er hatte nach der Arbeit Karottenkuchen mitgebracht, weil er weiß, wie sehr ich Karottenkuchen mag, und er hat es wie immer mit den Geschenken übertrieben, mir nicht das eine Buch geschenkt, das ich mir gewünscht hatte, sondern auch einen Film und einen Lippenstift, den ich verloren hatte, keine Ahnung, woher er wusste, welche Farbe es war.

Eigentlich wollten wir essen gehen, vielleicht noch in eine Spätvorstellung, ich hatte mich sogar schon umgezogen, aber dann bestellten wir uns einfach bloß Pizza. Er machte leise das Mixtape an, das ich ihm geschenkt hatte, nachdem mir klargeworden war, dass ich gerne mit ihm leben würde. Wir aßen den Kuchen und sprachen davon, was für Eltern wir sein wollen. Irgendwann sagte er diesen einen Satz, nebenbei, schon halb im Aufstehen. «Du hast ja keine Ahnung, wie sehr ich mich darauf freue, eine Herde mit euch zu sein.» Ich stand auf, um die Teller in die Küche zu stellen, aber auch, um einen Moment alleine zu sein. Ich blieb am Küchenfenster stehen und guckte hinaus und dachte an das neue Jahr, an das Baby und an seine Stimme, wenn er «Herde» sagt.

15. April

«Irgendetwas Besonderes heute?», fragt die Ärztin. Ich sage: «Ich bin schwanger, glaube ich jedenfalls.» Sie sagt: «Dann lassen Sie uns mal nachsehen», und ich lege mich im Nebenzimmer auf die Liege und ziehe meinen Pullover hoch und weiß nicht, wohin mit meinen Händen und meinen Gefühlen. Ich habe mir diesen Moment so herbeigewünscht und bin doch kein bisschen auf das vorbereitet, was ich sehe. Da ist mein Baby. Da ist wirklich mein Baby. Da ist sein Herz. Es schlägt und schlägt und schlägt, irrsinnig schnell und energisch. Tränen laufen über meine Backe, ich gebe mir Mühe, ganz leise zu weinen, aber die Ärztin merkt es natürlich und lächelt und sagt: «Das ist doch auch ein wunderschöner Anblick», und wo sie recht hat, hat sie recht.

19. April
Wir liegen im Bett und haben das Licht nicht angemacht, obwohl es draußen schon fast dunkel ist. Er spricht mit dem Baby, als wäre ich gar nicht da.

«Deine Mama will die ganze Zeit nichts anderes essen als immer nur mexikanisch, der Mann beim Imbiss lacht schon, wenn ich komme, und fragt: ‹Wie immer?›»

«Gar nicht wahr», sage ich. «Gestern habe ich Nudeln gegessen.»

«Danach hast du mir erzählt, dass du jetzt gerne eine Badewanne voller Guacamole hättest, nein, ich glaube, es war ein Schwimmbad.»

Ich stelle mir vor, wie die kleine Kaulquappe jetzt mit uns lacht, aber ich glaube, sie hat noch keinen Mund.

«Ich freue mich so sehr», sage ich.

«Ich mich auch», sagt er.

«Ich habe manchmal ganz schön Angst.»

«Ich auch.»

Irgendwo muss ein Fenster offen sein, die Jalousie schlägt gegen die Fensterrahmen, klack, klack, klack.

«Ich habe Angst, zu müde für ein Kind zu sein», sagt er.

Klack, klack, klack.

«Das Geldverdienen ist so viel schwieriger als früher geworden. Jeden Tag wird ein anderes Magazin eingestellt oder die Hälfte der Redaktion eingespart. Hast du mal gezählt, wie oft wir beide in den letzten fünf Jahren unseren Job verloren haben, fünf Mal, nein, sechs Mal, oder? Ich weiß, dass wir immer irgendwie über die Runden kommen werden, aber Angst macht es mir trotzdem.»

Ich bin froh, dass wir im Dunkeln liegen.

«Ich habe Angst, dass ich keine gute Mutter werde. Ich habe Angst, dass ich nicht gelassen genug für ein Kind bin, nicht unumstößlich genug. Eigentlich kenne ich meine Ängste ziemlich gut, ich weiß, wie ich mit ihnen umgehen muss, und wenn ich nicht mit ihnen umgehen kann, dann weiß ich, wie ich damit umgehe, dass ich nicht mit ihnen umgehen kann, aber das hier ist so riesengroß. Wir kriegen ein Kind. Ich werde eine Mama. Und ich möchte dieses Kind so schrecklich gerne glücklich machen. Ich hab auch riesige Angst, dass diesem Würmchen etwas passiert. Oder dass ich das kleine Würmchen wieder verliere.»

Ich bin froh, dass er nichts sagt. Dass er weiß, dass man manche Dinge nur aussprechen muss.

«Weißt du was?», fragt er in die Stille hinein.

«Was denn?», sage ich.

«Ich glaube, wir werden auch schrecklich glücklich sein. Da wird ein kleiner Mensch auf die Welt kommen, unser Kind. Stell dir das mal vor.»

Ich stelle es mir vor.

Klack, klack, klack.

23. April

Ich würde jetzt gerne eine rauchen. Es ist schon eine ganze Weile her, dass ich meine letzte Zigarette geraucht habe, ich kann mich nicht einmal mehr an sie erinnern. Ich habe einfach aufgehört, ohne feierlichen Abschied und ohne Vorsatz, von einem Tag auf den nächsten, mein Körper wusste schon früher als ich, dass ich schwanger bin, ich hatte einfach keine Lust mehr auf Zigaretten. Aber jetzt gerade, irgendwo auf der Zugstrecke zwischen Berlin und Hannover, auf dem Weg nach Hause zu meinen Eltern, würde ich sehr gerne eine rauchen.

In meiner Tasche habe ich ein Geschenk für meine Mutter, ein weißes Baby-T-Shirt in Größe 56, eingepackt in dunkelblaues Seidenpapier. Ich freue mich, es endlich meinen Eltern zu sagen, ich kann Geheimnisse nicht gut für mich behalten. Ich freue mich auf ihr Gesicht. Ich freue mich darauf, meine Freude endlich zu teilen. Meine Eltern haben das Talent, sich richtig mitfreuen zu können (ein seltenes Talent, wenn man einmal darauf achtet). Gleichzeitig ist es ein merkwürdiges Gefühl, nach Hause zu fahren. Zu Hause bei meinen Eltern bin ich anders als sonst. Ich bin wieder Kind, ein 33 Jahre altes Mädchen – ein Gefühl, das ich genieße und mir gleichzeitig vorwerfe.

Als ich in Hannover in den Zug nach Bremen umsteige, setzt sich eine Frau mit einem kleinen Mädchen neben mich. Das kleine Mädchen liegt im Arm der Frau, es hat noch seine rote Jacke an, die Mutter hat sie ihr nicht ausgezogen, weil das Mädchen eingeschlafen ist. Die Frau sitzt einfach da, mit dem kleinen Mädchen im Arm, und schaut aus dem Fenster. Sie bewegt sich nicht einen Zentimeter, vielleicht will sie ihr kleines Mädchen nicht wecken, vielleicht ist sie auch einfach nur versunken. Sie sind so still, dass ich Angst habe, mein Blick könne sie stören, also schaue ich lieber aus dem Fenster.

In meinem Kopf rasen die Gedanken vorbei wie die Bäume und Häuser und Wiesen vorm Fenster. Mein Herz will das eine, mein Kopf (oder ist es mein Stolz?) das andere. Das 33-jährige Kind möchte sich gleich in die Arme seiner Mutter verkriechen und einfach dort bleiben, sich einrollen, bloß für ein paar Tage. Die Mutter, die ich gerade werde, möchte selbst herausfinden, was sie fühlt, was sie für eine Mutter sein wird, sein möchte, sie will keine Ratschläge bekommen, nicht einmal gute.

Als ich in die Küche komme, brennen die Kerzen. Mein Vater hat Mozart angestellt, weil er weiß, wie sehr ich Mozart mag, meine Mutter hat für mich ein Glas Schokoladencreme gekauft, weil sie weiß, wie sehr ich Schokoladencreme mag. Auf dem Tisch stehen die guten Teller. Neben dem Waschbecken zieht der schwarze Tee meines Vaters, der so stark ist, dass nur er ihn trinken kann. Der Geruch erinnert mich an meine Kindheit. Für eine Sekunde bin ich wieder acht, und Oskar, unser selten zu Zärtlichkeiten aufgelegter Rottweiler, ist unter dem Esstisch auf meinen Füßen eingeschlafen. Ich sitze rechts neben meiner Mutter, neben mir meine älteste große Schwester, mir gegenüber mein kleiner Bruder, neben ihm mein Vater, neben ihm meine jüngere große Schwester. Ich kann mich nicht erinnern, wer diese Sitzordnung aufgestellt hat, aber sie wurde nie gebrochen, nicht ein einziges Mal, nicht mal, wenn irgendwer nicht mit am Tisch saß und zwischen uns Lücken klafften. Mein Vater fragt, ob jemand weiß, wer dieses Stück komponiert hat, wie jeden Sonntagmorgen läuft Klassik im Radio, und wir spielen Komponisten-Raten, und mein kleiner Bruder möchte Schokoladencreme, obwohl er weiß, dass es die immer nur zum Geburtstag gibt, und ich sage «Beethoven», und mein Vater sagt: «Falsch, aber du hast noch einen Versuch», und nimmt einen Schluck Tee.

Ich sage: «Ich habe euch etwas Kleines mitgebracht», und muss grinsen über diesen Satz. Ich gebe meiner Mutter das Geschenk, sie packt es aus und streicht das Seidenpapier glatt. Sie würde Geschenkpapier niemals zerreißen.

«Das ist ein schönes T-Shirt, aber es ist ganz schön klein», sagt sie.

«Ich glaube, es hat genau die richtige Größe», sage ich.

Meine Mutter schiebt ihre rote Lesebrille hoch. Ich sehe die Verwirrung in ihrem Blick, sie weiß, dass sie etwas übersehen hat, nur nicht was. Dann guckt sie auf das Schildchen im T-Shirt, liest die Größe und begreift.

«NEIN! Neinneinneinneinnein.»

«Dochdochdochdochdoch.»

Mein Vater legt seine Stirn in Falten. Dann hält meine Mutter das winzige T-Shirt in die Luft und springt auf und umarmt mich, erst stürmisch, dann ganz vorsichtig, als ihr auffällt, wie stürmisch sie ist. Dann begreift es auch mein Vater. Ich zeige ihm das Ultraschallbild, und er weint, ohne dass man es hört.

5. Mai
Dinge, die nicht in meinem Schwangerschaftsratgeber stehen:

✳ Wie merkwürdig es sich anfühlt, schwanger zu sein, ohne sich schwanger zu fühlen. Man sieht, dass der Bauch langsam größer wird und die Hosen enger, aber man spürt diesen kleinen Menschen noch nicht, man fühlt und liebt ihm hinterher und hofft mit aller Kraft, dass es ihm gut geht.

✳ Wie müde man ist. Die meisten Abende schlafe ich noch während der «Tagesschau» ein. Manchmal sogar schon davor. Und obwohl ich so viel schlafe wie noch nie in meinem Leben, bin ich ständig müde und ständig schlapp, als hätte mir jemand den Stecker gezogen. Ich könnte im Stehen einschlafen. Und mitten im ... Mein Gehirn arbeitet nur noch in Zeitlupe, ich brauche für die einfachsten Dinge manchmal doppelt so lange wie früher. Gestern stand ich am offenen Kühlschrank und wusste plötzlich nicht mehr, warum. Dass ich Milch in mein Müsli gießen wollte, fiel mir erst wieder ein, als ich die Müslischüssel sah und die Milchtüte in meiner Hand.

✳ Wie oft man weinen muss. Ich weine, wenn ich ein schönes Lied höre. Ich weine, wenn ich ein trauriges Lied höre. Ich weine, wenn meine Schwester am Telefon irgendwie komisch klingt. Ich weine, wenn meine Schwester am Telefon ganz normal klingt und mir erzählt, dass ihr Sohn beim Fußball zwei Tore geschossen und sich schrecklich gefreut hat. Ich weine, wenn es draußen regnet. Wenn das so weitergeht, liegt Berlin bald an einem Ozean.

✳ Wie anfällig man für alles wird, was klein ist. Ich sehe überall nur noch Babys und schwangere Frauen. Letzte Woche habe ich ein winziges Babymützchen und klitzekleine Söckchen gekauft, obwohl das ja wirklich noch Zeit hat. Ich hoffe, ich fange nie an, in Babysprache mit meinem Mann zu sprechen, aber so, wie ich gerade drauf bin, kann ich für nichts garantieren. (Diese Söckchen, ich meine, mal ehrlich: DIESE WINZIGEN BABYSÖCKCHEN!)

✻ Wie anders alles riecht. Der Geruch von Kaffee verursacht mir solche Übelkeit, dass ich aus der Küche gehen muss, wenn er sich einen Kaffee macht, ich, der größte Kaffee-Freak. Ich kann mein Lieblingsparfüm nicht mehr riechen. Mein Parfüm riecht plötzlich nach Klostein, künstlich, penetrant, ekelhaft. Als mir in der U-Bahn ein junger Mann gegenübersaß, der gleichzeitig nach Schweiß und Deo roch, musste ich mich fast übergeben. Vor ein paar Tagen wurde mir in der Straßenbahn schlecht, weil ein nasser Hund nach nassem Hund roch, ein Geruch, mit dem ich noch nie Probleme hatte.

✻ Wie oft man sich fragt, ob alles in Ordnung ist.

✻ Wie groß einem das Herz wird.

12. Mai

Heute sind es genau zwölf Wochen. Wie viel Angst ich hatte, dieses Kind zu verlieren, merke ich an meiner Erleichterung. Ich schaue mir wieder und wieder das neue Ultraschallbild an, schlage wieder und wieder den Mutterpass auf, den ich heute bekommen habe. Es fühlt sich an, als hätte ich einen schweren Mantel ausgezogen.

13. Mai

Wie lange kenne ich Marlene jetzt schon, sieben Jahre, oder sind es schon acht? Ich weiß, wie sie aussieht, wenn sie aufgeregt ist, aber nicht will, dass das jemand mitkriegt. Ich weiß, wie sie aussieht, wenn sie gerade an einem richtig guten Text schreibt (wir haben uns lange genug ein Büro geteilt). Ich weiß, wie sie aussieht, wenn sie verliebt ist. Diesen Ausdruck kannte ich noch nicht, da ist eine so weiche, zärtliche Freude, dass mir ganz warm wird.

Am Morgen hatte ich ihr eine E-Mail geschrieben, «Wollen wir uns nicht auf einen schnellen Kaffee sehen?», «Klar», mailte sie und fragte nicht nach. Ich hatte eine Karte in der Tasche, die ich kurz vorm Losgehen geschrieben hatte, ich wollte sie ihr eigentlich erst später geben, aber als sie mir gegenübersaß, schob ich sofort den Briefumschlag über den Tisch. Sie las, sagte nichts und suchte in ihrer Tasche nach einem Stift. Dann malte sie ein Kreuz, ein dickes, fettes Kreuz, und gab mir die Karte zurück. Als ich sie öffnete, stand da:

Liebe Lene,
willst du vielleicht meine Patentante werden?
✗ JA
*   NEIN*
*   VIELLEICHT*

Dein Baby (noch im Bauch)

21. Mai

Eine seltsame Angst ist das. Eine Angst, die so gar nichts Konkretes hat. Eine Angst um dieses Kind – noch bevor es auf der Welt ist. Die Angst, es könne dem Baby etwas passieren. Oder ihm. Oder mir. Mitten hinein in dieses Angsthaben, das eine Grundsätzlichkeit hat, die ich nicht kleinfühlen kann, ist da ein Glück, das mich fast noch wehrloser macht. Die Vorstellung, dass in meinem Bauch ein Baby schläft und trinkt und herzklopft.

23. Mai
Dinge, die Menschen zu einem sagen, wenn man ihnen sagt, dass man schwanger ist:

- «Waaaaaaas? Das ist ja toll, GLÜCKWUNSCH!»
- «Wie alt bist du jetzt?»
- «Ich gratuliere lieber erst nach der Geburt.»
- «Und der Vater freut sich auch?»
- «Die ersten drei Monate mit Kind sind die Hölle!»
- «Wie glücklich du aussiehst!»
- «Ich dachte, die Geburt überlebe ich nicht!»
- «Ich hoffe, du mutierst nicht zu einer dieser Muttis.»
- «Ich freu mich so für euch!»
- «Man sieht ja noch gar nichts!»
- «Sicher, dass du nicht schon weiter bist?»
- «Genießt die Zeit zu zweit!»
- «Du siehst aber schön klar aus im Gesicht!»
- «Geht unbedingt noch ins Kino!»
- «Wurde ja auch mal Zeit.»
- «Aber es ist schon ein Wunschkind, oder?»
- «Wann ist es denn so weit?»
- «Dann fang schon mal an vorzuschlafen.»

25. Mai
Seit ein paar Tagen sehe ich, wenn ich ihn ansehe, nicht mehr bloß den Mann, den ich liebe, sondern auch den Mann, mit dem ich ein Baby bekommen werde. Es ist ein Blick, der ein wenig ungerecht ist, weil er der Liebe einen riesigen Rucksack voller Erwartungen aufsetzt. Trotzdem denke ich, was ich denke. Ein Kind mit einem Mann, viel ernster wird es nicht. Da sind wir also, er und ich und das Kind in meinem Bauch, das irgendwann auf die Welt kommen und aus uns beiden eine Familie machen wird.

Ich liebe diesen Mann, ich bin verliebt in ihn, er ist mein bester Freund und der einzige Mensch, bei dem ich niemals Angst gehabt habe, so zu sein, wie ich bin, nicht einmal in den größten Momenten der Verzweiflung und der Ratlosigkeit. Er hält mich besser aus als ich mich selbst, er ist geduldiger als ich, weniger nervös, weniger aufschreckbar. Er ist gerne alleine, was mir gefällt, weil ich auch gerne alleine bin, aber er lebt sehr gerne zu zweit. Er versteckt seine Gefühle nicht, er sagt mir, dass er mich liebt, jeden Tag, und ich gewöhne mich nicht daran, nie.

Er ist der interessanteste Mensch, den ich kenne. Er ist kritisch, manchmal zynisch, aber eher, weil das seine Art von Humor ist, weniger aus Weltverachtung. Er ist der zufriedenste Mensch, den ich kenne, und der genügsamste. Er ist der schlimmste Schlampsack (und doch fällt mir kein Mensch ein, der das Chaos, das manchmal in meinem Kopf herrscht, gründlicher entwirren könnte als er). Man kann sich furchtbar gut mit ihm betrinken (sogar mit Apfelschorle). Und furchtbar gut mit ihm albern sein.

Er ist neugierig, viel neugieriger als ich, er will wissen, was er nicht versteht oder einordnen kann, und wenn er etwas gelesen hat, merkt er es sich bis an sein Lebensende. Er hat kein großes Talent für Smalltalk, dafür kann man mit ihm über alles reden. Er ist bemerkenswert unumstößlich (wenn ihn etwas umstößt, dann trauert er lange und ausführlich, dann wird er noch stiller, als er sonst schon still ist, und auf eine Art traurig, die mich hilflos macht). Die Ruhe, die ich an ihm liebe, treibt mich manchmal aber auch in den Wahnsinn. Dann wünsche ich mir, dass er ein bisschen weniger innerlich und stoisch wäre, dass er über seine Gefühle so abendfüllend spräche wie ich und dass man ihm seine Gefühle auch einmal ansehen könnte, statt sie immer nur erahnen zu müssen, selbst wenn man ihn so gut kennt wie ich ihn. Manchmal wünsche ich mir auch, dass er mich ein bisschen mehr antriebe, meistens schiebe ich die Dinge an, egal, ob es ein Urlaub, eine neue Wohnung oder ein längst überfälliges Gespräch ist. Manchmal werfe ich ihm das vor, weil es mir vorkommt wie Bequemlichkeit, auch wie Desinteresse. Manchmal nerven mich seine langen Reden beim Abendessen, über die deutsche Außenpolitik, über irgendeinen politischen Skandal, können wir denn nicht einmal ganz in Ruhe essen wie andere Paare auch (bis mir auffällt, dass es mich eigentlich viel mehr stört, dass ich nicht so bin, dass die Welt mich so oft mehr im Kleinen als im Großen interessiert). Er kann sich besser entschuldigen als ich. Er hat im Gegensatz zu mir keine Angst vor Melancholie und keine Angst, seine Meinung zu sagen. Er ist mein Mut. Er ist zärtlich. Er ist ein schöner Mensch mit einem wilden Herzen. Lauter Dinge, die ich denke, wenn ich ihn ansehe. Dinge, die ich denke, wenn ich darüber nachdenke, was für ein Vater er wohl sein wird.

27. Mai
Diese Momente, in denen mir einfällt, dass ich schwanger bin, mich mitten in einem Gespräch oder einem Telefonat wieder daran erinnere und völlig aufgekratzt bin, irgendwann wird es mir einfach herausrutschen, mitten im Satz, «bis Ende der Woche wird die Geschichte auf jeden Fall fertig, wir können ja morgen oder übermorgen noch mal über die genaue Länge reden, wenn das Layout gebaut ist, ICH KRIEGE EIN KI-HIND».

1. Juni
Seit ein paar Tagen nennt er mich *Fressmaschine,* und ein besseres Wort fällt auch mir für mich nicht ein. Ich esse mit einer Dringlichkeit, die keinen Aufschub duldet und keine Kompromisse, ich esse mit einer Gier, die mir peinlich ist (mich allerdings nicht daran hindert, weiter zu essen). Ich habe ständig Hunger. Und mein Hunger ist äußerst präzise: Zum Frühstück muss es ein Sesam-Knäckebrot mit Butter und Schokoladenaufstrich sein, dazu ein saurer Apfel. Mittags gerade eigentlich immer nur indisch. Vorm Schlafengehen muss ich Schokoladen-Minz-Täfelchen futtern, ich habe nicht die geringste Ahnung, wie mein Körper darauf kommt, zuletzt habe ich diese Dinger bei meiner Großmutter gegessen, vor ungefähr 30 Jahren, aber ich BRAUCHE vorm Schlafengehen Minztäfelchen.

Ich bin froh, dass wir Ende der Woche in Urlaub fahren, ich brauche eine Pause. Eine Woche Paris. Unser letzter Urlaub zu zweit, unser erster Urlaub zu zweieinhalbt.

8. Juni
Ich stehe vor dem Hotelspiegel und frage mich, ob man schon etwas sieht. Ich sehe etwas, bin mir allerdings nicht sicher, ob das ein Babybauch oder ein Minztäfelchen-Memorial ist. Ich will endlich einen richtigen Bauch. Ich will endlich schwanger aussehen. Gestern haben wir in einem Kindergeschäft eine winzige Strickjacke gekauft, «wie alt ist denn das Kind», hatte die Verkäuferin mich gefragt und gelächelt, als ich «noch im Bauch» geantwortet hatte. Ich habe noch fast ein halbes Jahr Zeit, alles fürs Baby zu besorgen, aber ich genieße diese Zeit. Es macht mich froh, mir diesen kleinen Menschen in dieser winzigen Strickjacke vorzustellen, es hilft mir dabei, mir das Unvorstellbare vorzustellen, mir vorzustellen, dass das Baby irgendwann tatsächlich da sein wird. Als er abends aus dem Bad kommt und sieht, dass ich die Strickjacke aus der Tüte geholt und ausgepackt habe, wird sein Blick ganz weich und seine Stimme ganz hoch. «Guck doch mal», sagt er und legt seine ausgestreckte Riesenhand auf die winzige Jacke. Seine Hand ist fast so groß wie die Jacke.

11. Juni
«Hallo Baby, bist du noch wach? Dein Papa schläft schon. Hast du gemerkt, dass wir geflogen sind? Hast du gemerkt, dass wir nicht zu Hause sind? Wir sind gerade in einer Stadt, die Paris heißt. Mitten durch die Stadt fließt ein Fluss, der Seine heißt, und neben diesem Fluss steht ein Turm, der Eiffelturm heißt. Gestern Abend hat dein Papa ihn dir gezeigt, als wir an der Seine spazieren waren. ‹Halt, warte mal, bleib so stehen, nein, noch ein bisschen weiter nach rechts, noch ein bisschen, so›, hat er gesagt. Dann hat er dem Bauch, in dem du bist, den Eiffelturm gezeigt und dir erzählt, dass er um Mitternacht funkelt wie eine Wunderkerze.

Ich glaube, die Stadt hat sich für dich herausgeputzt, Baby. Du bist noch nicht da, aber schon bei uns. Vorhin haben wir im Passfoto-Automaten vom ‹Palais de Tokyo› Fotos gemacht, alberne Knutschfotos, auf dem letzten Bild strecke ich den Bauch ganz weit heraus, damit du auch mit auf dem Bild bist, und dein Papa zeigt mit seinem Zeigefinger auf dich und grinst. Ich werde die Bilder für dich aufheben und sie dir zeigen, wenn du da bist, ich glaube, sie werden dir gefallen. Wollen wir schlafen? Ja? Gute Nacht, kleines Schätzelchen.»

21. Juni
Im Schwangerschaftsratgeber gelesen, dass das Baby jetzt Fingernägel und Wimpern hat. Vor Rührung sehr viel Kuchen gegessen.

22. Juni
Das Glück, sich in den Gedanken eines anderen Menschen wiederzufinden. Wie bei der amerikanischen Journalistin und Schriftstellerin Anna Quindlen. Vor ein paar Tagen habe ich einen langen Strich neben eine ihrer «Living Out Loud»-Kolumnen gemacht, die sie früher für die «New York Times» geschrieben hat. Mir eine Passage übersetzt und in das Buch geschrieben, in das ich alles schreibe, was mir begegnet, was ich finde und aufheben möchte. Wie das hier:

«Die Glühwürmchen sind wieder da. Sie sind noch klein, richtige Glühwürmchenbabys, und sie fliegen tief am Boden, während in der Abenddämmerung der Rasen immer schwärzer wird. Vor dem Fenster tauchen sie in Gruppen auf: an, aus, an, aus. Zuerst kann der kleine Junge sie nicht sehen, dann plötzlich doch. ‹Mama, das ist Zauberei›, sagt er.

Das ist es, warum ich Kinder bekommen habe: wegen der Glühwürmchen. Vor einigen Jahren habe ich in einer Frauenzeitschrift einen Test ausgefüllt und folgende Frage zu beantworten versucht: Sie haben sich für Kinder entschieden, weil A: Ihre Familie Sie dazu gedrängt hat; B: Es Ihnen folgerichtig erschien; C: Sie Kinder mögen; D: Ihr Glaube es verlangt; E: Aus keinem der genannten Gründe.

Ich habe nach den Glühwürmchen Ausschau gehalten; nach jener Antwort, in der es hieß, dass ich irgendwann in meinem Leben mit einem Kind an einem Fenster stehen, ihm die Glühwürmchen zeigen und es ‹Mama, es ist Zauberei› sagen hören werde. Und weil es in dieser Zeitschrift nichts gab, was dieser Antwort auch nur entfernt nahekam, nahm ich wie immer an, dass ich ein wenig neben der Spur war, dass niemand sonst so besessen von winzigen Details und von Begründungen ist, die bei einer so folgenschweren Entscheidung trivial erscheinen. Und dann, eines Abends, an dem gelbe Glühwürmchensterne um uns aufschimmerten, sagte mein Mann in einem dieser seltenen Augenblicke von vollkommenem Einverständnis: ‹Das ist es. Das ist es, warum ich Kinder haben wollte.›»

26. Juni
Während wir den Schrank im kleinen Zimmer abbauen, das demnächst ein Kinderzimmer werden soll, frage ich ihn, ob es okay für ihn ist, wenn meine Schwester bei ihrem nächsten Besuch die Familien-Wiege mitbringt. Ich finde die Vorstellung schön, dass unser Kind in einer Wiege schläft, in der auch schon ich geschlafen habe und meine Geschwister und die Kinder meiner Schwester. Er guckt mich an und schüttelt den Kopf. Sagt, dass «das Ding» nur im Weg herumstehen und das Kind doch sowieso erst bei uns und dann in seinem eigenen Bettchen schlafen würde. Ich denke, dass er einen Scherz macht, ich sage «Ach, Liebling», er sagt: «Nein, wirklich.» Ich sage: «Das ist nicht dein Ernst.» Er sagt: «Doch, und guck jetzt nicht so.» Ich sage: «Das war eigentlich nicht wirklich eine Frage. Alle Kinder dieser Familie schlafen in dieser Wiege, und mein Kind wird auch in dieser Wiege schlafen, diese Wiege wird von Generation zu Generation weitervererbt, und daran wird sich nichts ändern, nur weil der Herr Papa befindet, dass DAS DING im Weg herumsteht.» Er guckt mich an und stöhnt. Er weiß, wie sehr ich sein Stöhnen hasse, wie verächtlich ich es finde,

ich habe ihm das schon tausend Mal gesagt, aber er stöhnt gleich noch einmal. «Muss das sein?», frage ich. «Muss WAS sein?», fragt er. Ich mache sein Stöhnen nach, zugegebenermaßen eine Spur theatralisch, aber auch nicht sehr weit von der Realität entfernt. Er fragt, wieso ich ihn überhaupt frage, wenn ich null Interesse an seiner Meinung hätte, und ihn dann auch noch nachmachen würde, obwohl ich doch wüsste, wie sehr er das hasst. Ich stehe auf, sage «Herzlichen Glückwunsch, du hast es geschafft, mir den Tag zu versauen, und das auch noch, während wir das KINDERZIMMER einrichten!», gehe ins Schlafzimmer, knalle die Tür und schmeiße mich aufs Bett. Er macht die Tür auf und fragt, ob es manchmal auch eine Nummer kleiner ginge. Es ist sein zweiter Trick: Mir meine Emotionalität vorzuwerfen, wohl wissend, dass ich darauf eigentlich nur mit Emotionalität reagieren kann – aber nicht reagieren will, schon, um ihm nicht recht zu geben.

Sein Ton, sein Stöhnen, sein Dickschädel, seine Rechthaberei. Sein ewiges Hinterherstichein, er muss immer das letzte Wort haben. Mein Explodieren, mein Rumbrüllen, mein Weinen. Meine Unfähigkeit, mich zu entschuldigen, selbst wenn ich weiß, dass ich unrecht habe. Manchmal macht es mich so müde, mit ihm zu streiten. Die Mechanismen sind eigentlich immer die gleichen: Wir zoffen wegen irgendeiner Kleinigkeit (selten wegen Grundsätzlichkeiten), er stöhnt, ich mache ihn nach, er stöhnt noch mehr, ich mache ihn wieder nach. Er wird sauer und sehr leise, ich werde sauer und sehr laut. Er wirft mir vor zu übertreiben, ich werfe ihm vor, den Ernst der Lage nicht zu erkennen.

Manchmal muss ich mittendrin anfangen zu lachen, weil es so albern ist, wie peinlich genau wir unserer Streit-Choreographie folgen. Manchmal kränkt es mich, dass er manche Dinge nur tut, weil er weiß, dass sie mich kränken, nerven, zur Weißglut bringen (auch wenn ich das Gleiche mache). Aber ich bin froh, dass wir streiten. Er ist der erste Mann, mit dem ich richtig streite – und wir streiten nicht mehr vorsichtig, wie noch vor ein paar Jahren, wir streiten leidenschaftlich. Manchmal bilde ich mir ein, dass ich ihn (und uns) nie besser kennengelernt habe als beim Streiten. Er ist gemein, er ist zynisch, manchmal kalt, aber er will mich nie wirklich verletzen. Er zielt scharf, aber nie unter die Gürtellinie und nie in mein Herz.

Als ich mich hinsetzen will, um ihn anzubrüllen, um ihm zu sagen, dass er herzlos und gemein ist, passiert etwas Merkwürdiges. Mein Bauch flattert. Ein Mal, noch ein Mal. Als würde ein kleiner Vogel in meinem Bauch erste Flugversuche machen. Ich sage: «Oh Gott, das Baby, es flattert, komm schnell, es flattert.» Er läuft so schnell ums Bett herum, dass er gegen die Kante knallt, aber das Baby wartet und flattert in seine Hand (sagt er jedenfalls). Ich sage: «Du bist so blödblödblöd. Ich will diese Wiege.» Er sagt: «Ich dich auch.»

19. Juli
Feindiagnostik. Die Ärztin hatte uns dazu geraten, «zur Sicherheit», wie sie sagte. «Gibt es denn einen Grund, sich nicht sicher zu fühlen?», hatten wir gefragt. «Nein, nein, alles in Ordnung», sagte sie. Sie wäre aber eben gerne ganz sicher.

Natürlich gingen wir hin. So wie wahrscheinlich alle werdenden Eltern bei allem mitmachen, was die Profis ihnen empfehlen. Außerdem: Es war Baby-Fernsehen. Vielleicht würde es uns ja dieses Mal den Gefallen tun, uns nicht nur seinen Rücken zuzuwenden. Es war ein großartiger Rücken, so viel stand fest, aber wir wussten noch immer nicht, was ES war. Es hatte es bei jedem Ultraschalltermin geschafft, uns nicht zwischen seine Beine sehen zu lassen. Ich glaube, es wird ein Mädchen, hatte die Ärztin gesagt, aber sicher bin ich mir nicht, es dreht sich immer weg.

«Mädchen, Junge», sagte ich, wenn wir darüber redeten, «ist mir völlig egal, ich möchte ES bloß wissen. Es macht mich ungeduldig, dass es noch so weit weg ist, dass ich noch nicht SIE oder ER sagen kann. Du spürst ES wenigstens, wenn ES sich bewegt, und ES macht seltsame Sachen mit deinem Körper. Aber für mich ist ES noch total abstrakt. Ich weiß, dass ich ein Kind bekomme, aber ich habe mit ihm noch nichts zu tun. Manchmal beneide ich dich dafür, dass es in deinem Bauch ist.»

«Wir können gerne tauschen, dann übernimmst du aber auch die Geburt», sagte sie.

«Junge oder Mädchen», sagte sie.
«Weiß ich nicht», sagte ich.
«Du musst doch ein Gefühl haben.»
«Ich glaube, es wird ein Mädchen.»
«Wieso glaubst du, dass es ein Mädchen wird?»
«Was hast du denn für ein Gefühl?»
«Ich bin mir hundertprozentig sicher, dass es ein Mädchen wird», sagte sie.
«Weil du dir ein Mädchen wünschst», sagte ich.
«Mir ist das nicht so wichtig. Obwohl ich es schön fände, mit einem Mädchen Mädchensachen zu machen. Und vielleicht

noch mehr: Jungssachen. All die Dinge, die mich als Mädchen froh gemacht haben.»

Ich seufzte.

«Und wenn es doch ein Junge wird», fragte sie.

«Ich dachte, du seist dir hundertprozentig sicher?»

«Bin ich ja auch. Ich mein ja nur.»

Es war gelogen, dass es mir völlig egal war, ob es ein Junge oder ein Mädchen werden würde. Ich hätte gerne ein Mädchen. Keine Ahnung, woran das liegt. Vielleicht, weil ich mich selbst oft nicht wirklich wohl damit gefühlt habe, ein Junge zu sein. Ich mochte so vieles nicht, was Jungs angeblich mochten. Oder mögen sollten. Das Lautsein, das Kämpfen, Bagger, Schwerter, Roboter. Alles nicht meins. Ich hatte immer eine Sehnsucht danach, zu den Mädchen zu gehören, so wie sie miteinander herumsitzen und reden zu können. Natürlich wusste ich, dass das eine Idealisierung war und dass sich seit meiner Kindheit einiges getan hatte. Aber einem Mädchen kann ich zur Not sicher ein paar Dinge beibringen, die man sich von Männern abgucken könnte. Ich wusste allerdings nicht, wie ich es mit meinem Gewissen vereinbaren könnte, einem Jungen das klassische Jungssein auszureden, wenn er sich dadurch so seltsam unzugehörig fühlen würde wie ich in meiner Kindheit.

Dann sahen wir beide auf den Monitor des 3-D-Ultraschallgerätes. Es war das erste Mal, dass das Kind kein hellgrauer Fleck, sondern ein Kind war, unser Kind. Dreidimensional. Es schwebte. Es spielte mit seinen Fingern. Es hatte ein Gesicht. Mit einer Stupsnase und einer hohen Stirn. Und mit Wimpern, bildete ich mir ein, haben Babys im Bauch denn schon Wimpern?

«Hallo, Baby», sagte ich. Es drehte sich ein wenig.

«Guck doch mal, das Gesicht», sagte sie.

Ich sagte nichts, weil ich ja auch nichts anderes hätte sagen können als: «Guck doch mal, guck doch mal, guck doch mal.» Es waren, glaube ich, die ersten Sekunden, in denen das Kind mehr für mich war als nur das abstrakte Wissen, dass wir ein Kind bekommen würden. Das hier war ein Kind, so nahe, dass es jeden Augenblick zu schreien beginnen hätte können. «Komm», dachte ich, «komm doch endlich, du kannst mich doch nicht noch ein paar Monate warten lassen», es war ein Mechanismus, der sehr viel älter war als ich, ein Mechanismus, der dafür sorgt, dass man von der Liebe getroffen, verzaubert, fast verschlungen wird, diese eine Sekunde, in der sich etwas entscheidet, das sehr lange dauern wird. «Hallo», sagte ich noch einmal. Vielleicht sagte ich auch nichts oder flüsterte bloß, vielleicht flüsterte ich es nicht einmal und dachte es bloß. «Hallo, hallo, hallo, da bist du ja.»

«Es ist ein Mädchen», sagte die Ärztin.

Aber es interessierte mich nicht, in dieser heiligen Sekunde, in der ich unser Kind zum ersten Mal richtig sah. Alles war gut. Ich musste es nicht mehr ES nennen. Ich konnte DU sagen.

6. August

Als sie fragt, ob sie meinen Bauch anfassen darf und sich die Hände warm reibt, ehe sie sich daran macht, nach dem Baby zu tasten, weiß ich, dass sie die Richtige ist. Geahnt hatte ich es schon, als ich die Tür aufgemacht hatte: Kathrin ist groß und laut und lustig und herzlich, eine Frau wie eine stürmische Umarmung. Ein paar Tage davor hatte ich noch gezweifelt, brauche ich denn wirklich eine Hebamme? Ich habe doch eine Frauenärztin? Als ich mit ihr auf dem Sofa sitze, weiß ich die Antwort. Ich bin ruhig. Ich bin so ruhig, dass ich für ein paar Minuten ganz irritiert bin, weil ich mich frage, ob ich etwas Wichtiges vergessen habe, einen Geburtstag oder den Herd, bis mir auffällt, dass ich einfach nur bei mir bin und bei meinem Kind. Kathrin fragt, ob sie mir zeigen soll, wie das Kind liegt. «Wie machst du das», frage ich, «kannst du mit den Händen sehen?», und sie lacht. Dann nimmt sie meine Hände und legt sie auf meinen Bauch und sagt, dass ich ruhig hinfühlen könne. «Da ist ihr Po.» *Hinfühlen* ist ein schönes Wort, denke ich.

12. August

Wir saßen in der Kantine und aßen Currywurst mit Pommes wie jeden Freitag. Wir sprachen über das Wetter und unsere Pläne fürs Wochenende und die Texte, die noch fertig werden mussten, wir holten uns noch eine Apfelschorle, trotz Klimaanlage war es stickig in den Räumen. Als wir an der Kasse anstanden, sprach ich mit meiner Kollegin leise über das Hamsterrad-Gefühl, das einen in Hochhäusern wie diesem schnell befällt. Fahrstuhl hoch, Arbeitarbeit, Fahrstuhl runter, Mittagspause, Fahrstuhl hoch, Arbeitarbeit, Fahrstuhl runter, Feierabend. «Du hast es gut», sagte die Kollegin und guckte auf meinen Bauch. «Wie lange musst du eigentlich noch?»

«Zwei Monate», sagte ich und dass ich es kaum noch erwarten könne. Dann fuhr die Kollegin die Rolltreppe hoch und verschwand.

Ich sah ihr nach wie einem Zug, in dem ein alter Freund nach Hause fährt, von dem man nicht weiß, wann man ihn wiedersehen wird. Ich konnte nicht glauben, was ich gerade dachte, welcher Satz mir immer wieder durch den Kopf ging. *Ich werde es vermissen, ich werde das alles schrecklich vermissen.* Die Kollegen. Das Schreiben. Die alberne Freude, wenn einem eine gute Überschrift einfällt. Und ein richtig guter erster Satz. Der Stolz, wenn man mit einem Text zufrieden ist. Das Gefühl, wenn man nach einem langen, anstrengenden Tag die Wohnungstür aufschließt und sich für fünf Minuten, die Schuhe noch an, aufs Sofa fallen lässt. Die Unruhe, wenn man in einen Text nicht hineinkommt, nicht den richtigen Gedanken findet, die richtige Ordnung, den Anfang, das Ende. Die Frustration, wenn man nachdenkt und nachdenkt und trotzdem nichts kommt. Die alberne Freude, wenn man den Text dann doch findet. Nie zuvor habe ich etwas, das ich gemacht habe, so geliebt und verflucht. Mich so für etwas verausgabt und es so genossen.

Erst vor ein paar Tagen habe ich zu einer Freundin gesagt, dass mir die Arbeit nicht fehlen wird, dass ich froh bin, endlich mal eine Pause zu machen. Ich hatte es mir sogar selbst geglaubt. Und dann warte ich auf einen dämlichen Fahrstuhl und frage mich, wie es ist, wenn ich nicht mehr arbeite, wie wichtig meine Arbeit für das Bild ist, das ich von mir habe, wie wichtig das alles wohl sein wird, wenn das Baby mal da ist, oder wie unwichtig.

20. August

Vor ein paar Tagen auf Flickr Fotos von Listen gefunden, die eine Illustratorin namens Mia Nolting geschrieben hat. Noch so ein Mensch, der andauernd Listen über alles Mögliche schreibt, eine Liste von Dingen, die sie lieber nicht gesagt hätte zum Beispiel, eine Liste von Dingen, die sie liebt, eine Liste von Personen, bei denen sie sich entschuldigen müsste, eine Liste mit Dingen, die sie nachts wach halten, und eine mit Gefühlen. Bei der Liste mit den Gefühlen musste ich schlucken, wahrscheinlich, weil es eine so schnörkellose Liste ist, «Nervosität» steht da zum Beispiel, «Liebe» oder «Melancholie», beim Lesen musste ich an all die Gefühle denken, die in den letzten Wochen und Monaten durch mich durchgerauscht sind. Hier ist meine Version der Gefühle-Liste.

Alte, ganz neue, erwartete, unerwartete, weniger schöne, schöne Schwangerschaftsgefühle:

- Unglaube
- Freude
- Müdigkeit
- Angst
- Liebe
- Aufgeregtheit
- Kaffeeekel
- Nervosität
- Bauchstreichelbedürfnis
- Heißhunger
- Heißdurst
- Rhabarberschorlengenugtuung

- ✴ Verbundenheit
- ✴ Steißbeinschmerz
- ✴ Rührbarkeit
- ✴ Rumweinerleichterung
- ✴ Vergesslichkeit
- ✴ Besorgtsein
- ✴ Guacamolegier
- ✴ Sodbrennengenervtheit
- ✴ Dünnhäutigkeit
- ✴ Staunen
- ✴ Nestbautrieb
- ✴ Selbstgesprächsdrang
- ✴ Überforderung
- ✴ Antragausfüllwiderstand
- ✴ Weichheit
- ✴ Bauchstolz
- ✴ Ernsthaftigkeit
- ✴ Durchlässigkeit
- ✴ Innigkeit
- ✴ Unruhe
- ✴ Verzücktsein
- ✴ Neugier
- ✴ Ungeduld
- ✴ Geduld

26. August
Noch ein Gefühl: ihr Schluckauf in meinem Bauch.

8. September
Jammermodus, das volle Programm: Es fällt mir schwer, mir allein die Schuhe anzuziehen oder mir die Beine zu rasieren. Es fällt mir schwer, nachts zu schlafen, weil ich jemand bin, der nicht auf dem Rücken und nicht auf der Seite, sondern nur auf dem Bauch schlafen kann, was jetzt natürlich nicht mehr geht, weshalb ich mich irgendwie auf das Stillkissen rolle, bis ich aufwache, wenn mir der Arm eingeschlafen ist oder ich schon wieder pinkeln muss oder das kleine Mädchen tritt. Mir tut das Steißbein so weh, dass ich kaum sitzen kann (vor der Schwangerschaft wusste ich nicht einmal, wo genau das Steißbein sitzt). Ich habe höllisches Sodbrennen. Die Bänder an meinem Bauch, oder wie auch immer man die Dinger nennt, tun weh (ich weiß, dass sie nur ihren Job tun, und den tun sie gut, aber Himmel, wie das zieht). Ich kann ganz gut damit leben, keinen Alkohol zu trinken, und ich bin so was von froh, nicht mehr zu rauchen, aber Migräne ohne anständige Schmerztabletten ist unschön. Ich sehe von hinten aus wie von vorne. Meine Füße sind geschwollen. Meine Beine auch. Ich habe 16 Kilo zugelegt. Ich weiß, dass es Wichtigeres gibt. Mir fällt gerade nur nichts ein.

13. September
Morgen bin ich 30 Wochen schwanger, und wenn alles gut geht, werde ich noch 10 Wochen schwanger sein. Noch nie in meinem Leben habe ich so lange auf etwas gewartet. Trotzdem kann ich mir noch immer nicht vorstellen, dass in dieser Zeit ein Mensch in mir wächst.

In der Mittagspause eine Auflage für den Wickeltisch gekauft, schwarz-weiß kariert. Versucht, mir vorzustellen, wie sie bald auf ihr liegen wird. Auf diesem Wickeltisch, in diesem Kinderzimmer, in dieser Wohnung, in meinem Arm.

Mir sie schlafend vorgestellt.

Mir vorgestellt, wie ich ihr die ersten Schneeflocken zeige, ihre allerersten Schneeflocken, bis mir einfällt, dass ich ihr ja alles zum ersten Mal zeigen werde, die Sonne, den Mond und die Sterne, einen Apfel, eine Blume, einen Kuchen, eine Pfütze.

Mir vorgestellt, wie sie zwischen uns liegt.

Mir ihre winzigen Füße vorgestellt (die schon so ordentlich zutreten können).

Mir vorgestellt, wie ich ihr Musik vorspiele. Meine Lieblingslieder, die Lieder, die ich höre, wenn ich glücklich bin, die Lieder, zu denen ich in der Küche tanze, wenn ich weiß, dass mir niemand zusieht, meine peinliche, aber herrliche *Boomshakalaka*-Playliste, Beethoven auch.

Mir vorgestellt, wie sie einfach vor mir liegt, auf der schwarz-weiß karierten Wickelunterlage, mein kleines Mädchen.

15. September
Ich höre, ob ich etwas hören kann, aber da ist nichts, kein leises Stöhnen und auch kein lautes. Hinter der Tür, vor der ich stehe, bekommt eine Frau gerade ihr Kind. Es kommt mir seltsam vor, dass das hier gerade gleichzeitig geschieht: Eine Traube werdender Mütter und Väter wird

durch den Flur mit den Kreißsälen geführt, Fragen werden gestellt, Blicke werden getauscht, Nasen werden geputzt. Und hinter den Türen, jedenfalls hinter dieser, ist für eine Frau der Tag gekommen, auf den wir alle warten. Die anderen sind schon weitergegangen, um einen der leeren Kreißsäle zu besichtigen, ich schaue in das Vorbereitungszimmer gegenüber: ein Wehenschreiber, viele Kerzen, angenehmes Licht. Es ist bemerkenswert schön. Dann gehe auch ich in den Kreißsaal. Es gibt eine Badewanne und Gymnastikbälle, es gibt eine Sprossenwand, über dem Bett hängt ein Seil, an dem man sich festhalten kann. Obwohl sich außer uns nur noch ein anderes Paar umsieht, flüstere ich. «Früher habe ich immer gedacht, dass Kreißsäle rund sind», flüstere ich, «bis mir mein Vater erklärt hat, dass das Wort ‹Kreiß› von ‹Kreißen› kommt und so viel wie kreischen bedeutet.» Er nimmt meine Hand und drückt sie sehr fest, vielleicht ist er gerade so aufgeregt wie ich, vielleicht merkt er auch, wie wenig ich auf den Anblick von Kreißsälen vorbereitet bin.

Als wir vor dem Krankenhaus auf einer Bank sitzen, kreisen in meinem Kopf all die Dinge, die ich gerade gesehen und gehört habe. Der Mann neben uns, der fragte, wie hoch denn hier die Dammschnittrate sei. Die Frau, die fragte, ob man hier eine PDA bekommen könne, ohne schräg angesehen zu werden. Die beiden Hebammen, die uns die Geburtsstation gezeigt haben, ich mochte sie sehr. Wie überhaupt das ganze Krankenhaus. Vielleicht, weil es mir so wenig wie ein Krankenhaus vorkommt. Es liegt eine große Ruhe über diesem Ort, und es ist bemerkenswert still. Bis eine Frau an uns vorbeigeht, die offensichtlich Wehen hat. Sie bleibt stehen, alle paar Schritte, ihr Mann will sie stützen, aber sie schiebt ihn weg. Sie pustet, sie lächelt, dann gehen sie weiter. Mein Mann hält meine Hand und fragt: «Und?»

«Ich mag es hier», sage ich.

«Ich auch», sagt er. «Sehr.» In etwas mehr als zwei Monaten werden wir das Paar sein, das an einem Paar auf einer Bank vorbeigeht, das sich fragt, ob das hier die richtige Klinik für sie ist. In etwas mehr als zwei Monaten werde ich die Frau sein, die Wehen hat.

23. September

Es ist so typisch für mich. Ich denke über etwas nach, denke hin und wieder zurück, finde Antworten, bin erleichtert. Und ein paar Tage später beginne ich wieder von vorne. Schiebe den Gedanken von links nach rechts, von oben nach unten, als hätte ich ihn nicht schon tausend Mal gedacht, als hätte ich noch keine Antwort gefunden. Meine Gefühle lernen selten dazu. Die Dinge, die mich wirklich beschäftigen, fühle ich immer wieder von vorn. Also tue ich, was ich in solchen Fällen meistens tue. Ich frage jemanden, der rationaler ist als ich. Ich rufe meine große Schwester an, die weiß, wie es ist, ein Kind zu bekommen.

«Kann ich dir ein paar Fragen stellen, und du antwortest mir brutal ehrlich und lachst mich nicht aus?»

«Darf ich mir vorher noch meinen Kaffee holen?»

«Klar.»

«Okay, dann mal los.»

«Ich war letzte Woche in dem Krankenhaus, in dem ich das Baby bekommen werde. Ich war ganz schön aufgeregt, als ich das alles gesehen habe, aber dann ging es mir gut, ich war gelassen und entspannt. Bis heute. Ich bin aufgewacht und hatte eine Scheißangst. Ich habe Angst vor der Geburt. Vor den Schmerzen. Ich habe Angst, eine totale Memme zu sein und das ganze Krankenhaus zusammenzubrüllen und nach fünf Minuten nach einer PDA zu verlangen.»

«Wo kommt das denn jetzt alles her?»

«Sag du's mir.»

«Also mal ganz von vorne und eins nach dem anderen: Was wäre so schlimm daran, wenn du das ganze Krankenhaus zusammenbrüllen würdest?»

«Es wäre mir tierisch peinlich?»

«Ganz ehrlich: In diesem Moment interessierst du dich nicht dafür, ob du schreist. Oder wie laut du schreist. In diesem Moment interessierst du dich allein dafür, wie du von einer Wehe zur nächsten kommst.»

«Und wenn ich es nicht aushalte?»

«Dann sagst du es. Was du aushalten kannst und was nicht, entscheidest ganz allein du selbst. Die Hebammen sind keine Punktrichter, sondern deine Partner. Diese Menschen wissen, was es heißt, ein Kind zu bekommen.»

«Warum denke ich dann überhaupt darüber nach?»

«Weil das eine Ausnahmesituation ist. Und weil du nicht weißt, was dich erwartet. Wer wäre da bitte nicht nervös?»

«Hast du geschrien?»

«Weißt du, was lustig ist? Vor meiner ersten Geburt habe ich mir genau die gleichen Fragen gestellt. Was die wohl denken, wenn ich schreie. Oder was ich zur Geburt anziehen soll. Oder ob die mich schräg anschauen, wenn ich eine PDA will. Nach der Geburt kannst du dir nur schwer vorstellen, dass du darüber wirklich nachgedacht hast. Im Krankenhaus haben sie sowieso schon alles erlebt und alles gesehen, du bist nicht die erste Frau, die dort entbindet. Und ja, ich habe gebrüllt, ich habe das ganze Krankenhaus zusammengebrüllt.»

«Und es war dir nicht peinlich, dass dir ein halbes Krankenhaus direkt zwischen die Beine geguckt hat? Ich finde diese Vorstellung ehrlich gesagt ziemlich befremdlich.»

«Ach, Okki.»

Ich weiß ja selbst, wie irrational das alles ist.

«Du sagst mir auch nichts über die Schmerzen. Und ich schätze, es hat einen Grund, dass mir noch nie eine Frau erzählt hat, was für ein Spaziergang ihre Geburt war. Eigentlich höre ich immer nur Horrorgeschichten.»

«Tu mir bitte einen Gefallen und wechsle das Thema, sobald dir eine Mutter so etwas erzählt. Vermutlich ist ziemlich viel davon wahr. Aber es ist ihre Geburt und nicht deine, ihre Geschichte und nicht deine. Und du gehst nicht entspannter in diese Geburt, wenn du dir vorher ausmalst, was alles passieren kann.»

«Ist es so schlimm, wie alle sagen?»

«Es tut weh. Es tut so weh, wie dir vermutlich noch nie im Leben etwas weh getan hat. Aber du wirst auch so viel Kraft und Stärke haben wie noch nie, weil du weißt, was dich am Ende erwartet: dein Baby.»

«Da hab ich ja gleich viel weniger Angst.»

«Du brauchst keine Angst zu haben. Respekt vielleicht.

Aber keine Angst. Das ist das Merkwürdige an so einer Geburt: Sie ist gleichzeitig das Größte und Mächtigste und Krasseste und Schönste. Du wirst Kräfte haben, von denen du nicht einmal wusstest, dass du sie hast.»

Ich sage nichts. Sie sagt auch nichts. Ich mag, dass man mit meiner Schwester am Telefon schweigen kann, das kann ich nicht mit vielen Menschen. Sie nimmt einen Schluck Kaffee und sagt immer noch nichts. Ich höre sie atmen, sie ist ein bisschen verschnupft, und das beruhigt mich fast mehr als all die Dinge, die sie eben gesagt hat. Irgendwann sage ich:

«Schon besser.»

«Wirklich?»

«Mmmh.»

«Rufst du an, wenn sich das ändert?»

«Auf jeden Fall.»

«Gut.»

«Bin ich vollkommen bescheuert?»

«Auch nicht bescheuerter als ich, da kann ich dich beruhigen.»

«Danke.»

«Streichle einmal über deinen Bauch für mich, ja?»

«Mach ich. Danke noch mal.»

2. Oktober

Das kleine Mädchen hat einen Namen. Dieses Mädchen in meinem Bauch, das ist eine Fanny.

19. Oktober
Ich wache um halb drei Uhr morgens auf, weil sie tritt. Ich finde keine Position, in der ich liegen kann, und habe schrecklichen Durst, also gehe ich in die Küche, um etwas zu trinken. Nachdem ich etwas getrunken habe, bin ich richtig wach, also gehe ich hinüber ins Wohnzimmer und setze mich im Dunkeln aufs Sofa.

Gestern habe ich beim Aufräumen unter dem Bett meine erste Geige gefunden. Ich hatte sie von meinen Eltern bekommen, als ich sechs Jahre alt war, sie ist so klein wie mein Unterarm, ich kann schwer glauben, dass ich wirklich mal auf ihr gespielt habe. Neben der kleinen Geige liegt meine große Geige, meine Eltern hatten damals lange auf sie gespart. Im Aktenordner mit allen wichtigen Unterlagen, den ich beim Auszug von meinem Vater bekommen habe, war auch das Zertifikat eines Geigenbauers, der den Wert der Geige auf 800 Mark schätzte.

Die Geige hat keine G-Saite mehr, sonst sieht alles aus, als hätte ich erst gestern auf ihr gespielt. Das Leder am Bogen ist abgerieben. Im Seitenfach liegt ein angespitzter Bleistift, ein Radiergummi in Blumenform, das beharrlich nach Erdbeere riecht, daneben das Kolophonium, mit dem ich immer meinen Bogen eingerieben habe.

Wenn ich an meine Kindheit denke, erinnere ich mich selten an konkrete Ereignisse oder Daten, an bestimmte Geburtstage oder Ausflüge. Ich denke eher an bestimmte Gefühle. Das *Sommerferiengefühl* zum Beispiel, wenn wir im Garten oder auf dem Kopfsteinpflaster vorm Haus spielten, ein Spiel, das sich «Zerstörtes A» nannte und ein simples, aber spannendes Versteckspiel war, bei dem man ein A aus drei Ästen auseinandertreten musste. Oder die Fahrradverfolgungsjagden, bei denen mein kleiner Bruder und ich meine große Schwester und den Nachbarsjungen verfolgten, die schon deshalb nicht gefunden werden wollten, weil sie ein paar Jahre älter und groß waren – und wir ein paar Jahre jünger und klein. Oder das *Weihnachtsgefühl*, bis heute mein Lieblingsgefühl. Wenn wir uns Heiligabend aus der Videothek einen Videorecorder ausleihen durften und drei Filme, über die wir schon Tage vorher berieten. Für unseren Filmtag bauten wir immer ein Lager, es gab Äpfel, Mandarinen und Kekse, und wir durften den ganzen Tag nicht hinunter ins Erdgeschoss gehen, weil meine Eltern im Wohnzimmer den Tannenbaum schmückten und meine Mutter das Weihnachtsessen kochte. Ich mochte das Warten auf den großen Moment, wenn sich endlich die Tür öffnete, die Aufregung, die über Stunden immer größer wurde. Manchmal gingen wir am Nachmittag zu meiner Großmutter, die uns vor der Bescherung immer in die Badewanne steckte und mit einem großen Schwamm ordentlich abschrubbte. Das *In-Fichten-Badeöl-Baden-mit-ganz-viel-Schaum-Gefühl* – auch ein unvergessenes.

Das Gefühl, an das ich mich am besten erinnere, ist aber das Alleinsein. Ich fühlte mich fast immer alleine. In den Stunden, die ich in meinem Kinderzimmer verbrachte, die immer gleichen Tonleitern, Doppelgriffe und Etüden wiederholend, die mich zu einer besseren Geigerin machen sollten. In den Unterrichtsstunden, in denen mir meine russische Lehrerin sagte, dass aus mir nie etwas Anständiges werden würde, wenn ich mich nicht ein bisschen mehr anstrengen würde. Nach dem Konzert, wenn meine Lehrerin mir sagte, dass mein Vibrato schon besser, aber noch lange nicht gut sei. In den Stunden, in denen mir mein russischer Lehrer ein Jahr später mit seinem Bleistift auf die Finger schlug, «Njet, njet, njet, nein, nein, nein». Auf der Bühne, wenn ich ein Konzert spielte und mich am liebsten versteckt hätte, weil ich mir nichts Schrecklicheres vorstellen konnte, als vor einem Publikum zu stehen. In den Ferien, in denen meine Mutter mit mir nach Frankreich zu Sommer-Musikkursen bei einem ungarischen Professor fuhr, damit er mir beibrachte, richtig den Bogen zu halten. Ich durfte meine Geige nicht anfassen, die ganzen Ferien nicht, nur den Bogen, auf einen Zettel hatte er Übungen für mich geschrieben, und ich wiederholte sie Nachmittag für Nachmittag, bis meine Hände die neuen Bewegungen endlich gelernt hatten. In den Stunden, in denen meine Geschwister draußen spielten. Und in der Schule, am meisten in der Schule. Zu meinem 15. Geburtstag schenkte mir meine Mutter eine Kette mit einem silbernen Adler, er sollte mir Mut machen, eine Aufmunterung sein, eine Anerkennung, ich freute mich, dass sie sich so viele Gedanken gemacht hatte, ich war stolz, ich war gerührt, gleichzeitig machte mich der Anhänger traurig. Mehr als an das, was ich war, erinnerte er mich an das, was ich nicht war. Nicht wie die anderen, nicht dabei. «Ein Adler fliegt allein», hatte meine Mutter gesagt, «nur der Rabe fliegt scharenweise.»

Kurz nach meinem 18. Geburtstag sagte ich meinen Eltern, dass ich nach dem Abitur nicht wie geplant nach Budapest gehen würde, um Musik zu studieren, dass ich aufhören würde mit dem Geigen. Ich habe mich oft gefragt, warum ich so lange dafür gebraucht habe, und einige Antworten gefunden, aber nie eine gute.

Ich war schüchtern. Ich war so schüchtern, dass ich schon rot wurde, wenn mich jemand einen Moment zu lange ansah (im Jugendorchester hatten sie mir den Spitznamen «Ziegelrohd» gegeben, über den ich mich so irrsinnig schämte, dass ich gleich noch viel öfter ziegelrot wurde, wofür ich mich dann noch mehr schämte). Aber ich mochte das Gefühl, irgendwo dazuzugehören. In den Ferien, die ich mit dem Jugendorchester verbrachte, trank ich mein erstes Bier (und war total betrunken, bis mir jemand sagte, dass das Bier, von dem ich so total breit war, alkoholfreies Bier war). Ich verliebte mich zum ersten Mal und wurde zum ersten Mal nicht zurückgeliebt. Ich trug einen Hut und fand, dass er mir gut stand. Ich reiste nach Amerika und saß in einem Flugzeug. Ich mochte das Gewusel vor einem Konzert und das leicht verschwommene Gefühl danach. Ich mochte das Gefühl nach dem Üben und das Gefühl, eine schwierige Stelle schließlich doch hingekriegt zu haben. Und ich liebte die Musik. Die Momente, in denen aus Noten Musik wurde, ein Klang, in dem ich verschwand, ein einziges großes Gefühl, in dem ich nicht länger darüber nachdachte, ob ich die schwere Stelle in der Bruckner-Symphonie versauen würde, nicht länger darüber nachdachte, warum ich so uncool war, überhaupt nicht nachdachte, sondern einfach bloß spielte. Ich war mir nicht sicher, ob es nicht ganz normal war, das Üben und Spielen als Last zu empfinden, als einen Widerstand, der überwunden werden muss – wie ein Turner tausend Mal auf den Barren knallen muss, um am Ende einen Salto auf ihm zu machen. Ich fragte mich, ob sich die Liebe nicht einfach noch einstellen würde, wenn ich nur lange genug spielte. Ich wollte nicht aufgeben.

In dieser Nacht sitze ich noch lange auf dem Sofa. Ich denke an diesen einen Nachmittag, ich war 14 oder 15 und hatte es bei «Jugend musiziert» endlich zum Landeswettbewerb geschafft. Ich hatte geübt, mich gut vorbereitet, und als ich endlich drankam, versagte ich kläglich. Spielte viel zu schnell, spielte ohne Gefühl, ich merkte es schon nach ein paar Takten, ich kam nicht hinein, fand das Gefühl nicht, fühlte bloß Angst. Eine schreckliche Angst zu versagen.

Ich denke an einen Satz aus einer beeindruckenden Geschichte meines Kollegen Michalis Pantelouris über sein Burn-out. Völlig anderes Thema, aber der Satz ist mir seitdem im Kopf geblieben, weil es ein Satz ist, der so vieles in meinem Leben treffend beschreibt: «Ich habe mal einen Tag lang mit einem Klempner gearbeitet, der hat jedes Mal, wenn ich mit der Rohrzange eine Verbindung festgezogen hatte, gesagt: ‹So, das reicht. Nach fest kommt ab.›»

Ich denke daran, wie gerne ich meinem Kind das *Sommerferien-* und das *Weihnachtsgefühl* zeigen möchte, nicht nur in den Sommerferien und zu Weihnachten. Ich denke, dass ich alles tun werde, um ihr zu zeigen, dass sie nicht allein ist (abgesehen von den Momenten, in denen sie alleine sein will – oder wenigstens nicht in Gesellschaft ihrer Eltern). Ich denke daran, wie gerne ich meiner

Tochter dabei helfen möchte, ihre Stimme zu finden, ihren Weg, ihre Jas und ihre Neins. Und ich werde ganz traurig.

23. Oktober
Ich setze mich aufs Sofa und blättere in einer Zeitschrift und will doch lieber Kekse backen. Ich backe Kekse und bin plötzlich irrsinnig müde und will doch lieber schlafen. Ich liege im Bett und schließe die Augen und frage mich, ob ich nicht vielleicht doch lieber den Schneeanzug kaufen sollte, der noch fehlt, nachher gibt es keine mehr, andererseits könnte ich ihn auch einfach online bestellen und liegen bleiben, aber dann habe ich Hunger. Gestern Vormittag habe ich zwei Stunden lang die Dusche geschrubbt. Danach habe ich die Klinik-Tasche gepackt und wieder ausgepackt, weil ich mir sicher war, etwas Wichtiges vergessen zu haben (hatte ich natürlich nicht). Ich möchte die Zeit genießen, die mir bis zur Geburt noch bleibt, ich weiß nur nicht so genau, wie das geht. Ich gehe sogar das Entspanntsein an wie eine Aufgabe.

Als mich die Hebamme am Nachmittag besuchen kommt, bin ich immer noch ganz hektisch.

«Willst du lieber Tee oder Wasser, ich habe aber keines mehr ohne Kohlensäure, falls du kein Leitungswasser willst, du kannst auch Kekse haben, ich hab welche gebacken. Wo ist eigentlich mein Mutterpass?»

Kathrin sagt, dass sie gar nichts möchte und ich mich erstmal zu ihr setzen soll. Ich sage, dass ich gerade überhaupt nicht runterkommen kann. Dass die Wohnung plötzlich so verdammt still ist, und ich nicht weiß, wohin mit mir. Kathrin sagt, dass ich versuchen soll, loszulassen. Dass es eine Zeit für die Arbeit gibt und eine Zeit für das Baby und dass jetzt die Zeit für mein Baby gekommen sei, für uns beide. «Wenn es nur einen Knopf gäbe, mit dem man die Gedanken mal ausstellen könnte», sage ich. Kathrin guckt mich mit ihrem Kathrin-Blick an und fragt, ob ich große Angst vor der Geburt hätte.

Ich weiß nicht, ob es ihre Stimme war oder ihre Worte, aber als ich die Tür hinter ihr schließe und wieder allein bin, ist die Stille in der Wohnung einfach nur still. Ich liege auf dem Sofa und denke über das nach, was Kathrin gesagt hat. Wie sehr sie das englische Wort *labour* mag, weil es so gut beschreibt, wie sie viele Geburten erlebt hat, als ein Stück Arbeit, harte Arbeit, schwere Arbeit, aber Arbeit, die man schaffen kann. Es ist ein Gedanke, der mich sehr beruhigt.

28. Oktober
Der Babykurs beginnt mit einer Reihe abgedeckter Schüsseln, in die wir hineintasten sollen. Wir sollen sagen, was wir fühlen, also sage ich «hart, Plastik, unangenehm» bei Schüssel eins und «weich, Baumwolle, angenehm» bei Schüssel zwei. Ich habe so eine Ahnung, worauf das Ganze hinauslaufen wird, und tatsächlich: In der nächsten halben Stunde lernen wir, wie man mit Stoffwindeln wickelt. Die Frau auf der Yogamatte neben mir ist schon ein Profi, während ich überlege, welche Ecke auf welche Ecke gehört, ist sie schon fertig. Ich frage mich, ob ich die einzige Frau im Raum bin, in deren Kommode

Plastikwindeln liegen. In der nächsten Übung sollen wir sagen, welche Begriffe uns zum Thema Wickeln und Pflege einfallen. Die Seminarleiterin schreibt die gesammelten Begriffe der Teilnehmer auf ein Flipchart: Ruhe. Wärme. Achtsamkeit. Wolle. Bis ich «Spaß» sage und sie zögert. «Findet ihr, dass man beim Wickeln *Spaß* haben sollte?», fragt sie die anderen Teilnehmerinnen, die sich erst unsicher sind und dann den Kopf schütteln. Es gehe um den respektvollen Umgang mit dem Baby, erklärt mir die Seminarleiterin mit einer Stimme, die weicher als eine Kaschmirdecke ist, nicht um Spaß. Dann führt sie mir vor, was sie meint: Sie fragt die Babypuppe, ob sie ihr die Socke ausziehen darf. Dann sagt sie ihr, dass sie jetzt die andere Socke ausziehen wird. Und nun die Hose, das wird ein bisschen kalt. Sie fragt die Babypuppe, deren Namen ich schon wieder vergessen habe, ob sie ihr den Po abwischen dürfe. Ich finde, sie macht das wirklich sehr respektvoll. Ich frage mich allerdings, ob ich es nicht auch sehr respektvoll finde, mit einem kleinen Menschen Spaß zu haben. Ich denke an meine kleine Nichte und an ihr Glückskieksen, wenn meine Schwester ihr beim Wickeln den Bauch gepustet hat. Oder wenn sie ihr die Füße gekitzelt und sie dann laut schmatzend abgeküsst hat. Oder wenn sie sich ihre winzigen Socken über die Hand gezogen und *sprechende Socke* gespielt hat und wie die Kleine lachte, als die linke die rechte Socke fressen wollte und dann sie. Für die nächste Stunde sollen wir uns überlegen, was für eine Mutter wir sein wollen. Ich glaube, ich will eine bauchpustende, sockentheateraufführende Mama werden.

1. November
Dinge, die ich meinem Kind irgendwann einmal zeigen möchte:

- Wie Muscheln rauschen.
- Wie es sich anfühlt, von oben bis unten geliebt zu werden.
- Wie man einen Schneeengel macht.
- Und eine anständige Arschbombe.
- Wie man sich entschuldigt.
- Wie Basilikum riecht. Und Regen. Und Zimtschnecken.
- Wie man verzeiht.
- Wie man einen richtig guten Zitronen-Kuchen backt.
- Wie weich Weidenkätzchen sind.
- Wie Erdbeeren schmecken.
- Wie schön es ist, in Büchern zu versinken.
- Wie man Pferde füttert, ohne dass sie einem in die Hand beißen.
- Wie Paris ist.
- Wie man Pfannkuchen macht.
- Wie man auf Rollschuhen nicht umfällt.
- Wie man Popcorn poppen lässt.
- Wie man ein Freitagabend-Sofa-Picknick macht.
- Das Meer. Bei Ebbe und bei Sturm.
- Dass Essen ein Glück ist.
- Dass es okay ist, traurig zu sein.
- Und muffig.
- Dass es okay ist, um Hilfe zu bitten.
- Wie gut Musik ist.
- Und kitschige Musik, immer wieder.

- ✷ Und «Last Christmas».
- ✷ Und Tanzen.
- ✷ Und Zikaden. Gibt es die überhaupt noch?
- ✷ Lebkuchenhäuser.
- ✷ Baumhäuser.
- ✷ Wolkenkratzer.
- ✷ Wie grandios Faulheit ist.
- ✷ Und wie grandios es ist, sich anzustrengen. Für das Eigene. Für das, was einem wichtig ist. Egal, wie weit man damit kommt.
- ✷ Wie gut es ist, nein zu sagen. Auch wenn es schwerfällt.
- ✷ Wie wichtig es ist, ja zu sagen. Auch wenn es schwerfällt.
- ✷ Was für ein kleiner Angsthase ihre Mama oft immer noch ist, obwohl sie schon groß und erwachsen ist.
- ✷ Dass es nicht darauf ankommt, ob man ein Angsthase ist. Nur auf den Versuch, es in den wirklich wichtigen Dingen ein bisschen weniger zu sein.
- ✷ Dass es ihr Leben ist. Ihr eigenes. Und sie die Wahl hat, die kostbare Freiheit, ihre eigene Wahl zu treffen.
- ✷ Verräkelte Wintertage.
- ✷ Vertrödelte Sommertage.
- ✷ Wie verschieden Menschen sind. Und wie toll es ist, dass Menschen so verschieden sind.
- ✷ Rennen, bis man nicht mehr kann.
- ✷ Lachen, bis man nicht mehr kann.
- ✷ Eis, bis man nicht mehr kann.

3. November

Manchmal stelle ich mir komische Sachen vor. Wie es wäre, wenn man Gefühle aufheben könnte. Sie in kleine Dosen abfüllen und verschließen könnte, beim Öffnen müsste man nur einmal tief einatmen und würde sich haargenau wieder so fühlen wie im Moment, in dem man die Dose gefüllt hat. An gemeinen Tagen könnte man ans Regal gehen und eine tiefe Nase «Das dritte Date mit ihm» nehmen oder «Die Freude, die man im Bauch hat, wenn man stundenlang in den Urlaub fährt und dann zum ersten Mal das Meer sieht». Die Dose mit dem «Gefühl, das man hat, wenn man nachts aufwacht und merkt, dass man im Schlaf Händchen gehalten hat» würde ich mir für einen besonderen Moment aufbewahren. Ich hätte natürlich auch ein Regal, in dem die Gefühle meiner Schwangerschaft stünden. Auf eine Dose wäre ein Herz gezeichnet: «Das Gefühl, zum ersten Mal den Herzschlag des Babys zu sehen.» In einer anderen wäre das Gefühl, das man hat, wenn man einen Teller auf dem Schwangerschaftsbauch abstellt und der Teller wackelt, weil das Baby so tritt. Ein Gefühl, das ich wirklich gerne aufheben würde, hieße einfach «Schwangerschaftskörper». Diese Dose würde ich an einem Tag öffnen, an dem mich mal wieder mein Spiegelbild stört. Sie würde mich daran erinnern, wie es mir und meinem Körper gerade geht. Wie friedlich wir sind. Wie großzügig miteinander.

8. November
«Ich kann mir einfach nicht vorstellen, wie es ist, wenn sie endlich da ist», sage ich zu meinem alten Freund Matthias. «Und wenn sie mal da ist, wirst du dir gar nicht mehr vorstellen können, dass es eine Zeit gab, in der sie nicht da war», sagt er. Er erzählt, wie er vor ein paar Tagen nach Hause kam, und seine Tochter plötzlich Dinge in ihren Mund stecken konnte, wie sie, nach ein paar Fehllandungen, endlich ihren kleinen Mund traf und nicht mehr genug davon bekommen konnte, alles abzusaugen und anzulutschen, wie er die Arme in die Luft geworfen und gejubelt hatte, als hätte sein Verein die Champions League gewonnen, «und der Daumen ist drin, er ist DRIIIIIIIIIIIN». Matthias lacht. «So ein Baby macht verrückte Sachen mit einem.»

10. November
Heute habe ich Apfelkuchen gebacken, den ganzen Vormittag lang. Als der Kuchen fertig war, habe ich Sahne geschlagen und mich mit einem Teller Kuchen auf meinem Bauch ins Bett gelegt (so ein fabelhaftes Tablett wie meinen Bauch werde ich nie wieder haben). Ich muss gerade gar nichts mehr. Und ich tue tatsächlich gar nichts mehr. Es kostet mich nicht einmal Überwindung.

Die letzten Tage waren ein großes Ausatmen. Ich bin nicht mehr hektisch. Ich habe immer noch Angst vor der Geburt, aber die Vorfreude ist größer. Ich habe keine Ahnung, warum ich plötzlich glaube, dass ich das alles schon schaffen werde, die Geburt und das Muttersein, ich habe nichts Besonderes getan oder gelassen, das Gefühl ist einfach da, gewachsen vielleicht. Ich freue mich so sehr auf dieses Kind. Sie zu sehen. Sie zu halten. Sie bei all den Namen zu nennen, die wir uns für sie ausgedacht haben, Fanny, Fännchen, Fan Fan, Fannoschka, Fannoline.

TEIL 2

22. November
Auf der Tafel in unserer Küche, auf der wir die Zeit heruntergezählt hatten, steht immer noch: «9 Tage». Jeden Morgen hatten wir die alte Zahl weggewischt, durch die neue ersetzt und uns gefreut, gerade war sie noch dreistellig. Die 9 durch eine 8 zu ersetzen, dazu waren wir an diesem Morgen nicht mehr gekommen. Ich hatte Bauchschmerzen. «Wie fühlen sie sich an», hatte er gefragt. «Ich weiß nicht», hatte ich geantwortet. «Wie Wehen?», hatte er gefragt. «Ich weiß nicht, wie sich Wehen anfühlen», hatte ich gesagt. Wir beschlossen, die Bauchschmerzen noch nicht für Wehen zu halten, noch nicht für richtige jedenfalls, bloß kein falscher Alarm.

Dabei hatten wir beide von ihr geträumt. Am Tag davor hatte ich die Kette reparieren lassen, die er mir bei unserem letzten Hamburg-Ausflug geschenkt hatte – drei silberne Herzen an einer Kette, zwei für uns und ein großes für das Baby – der Mann im Juweliergeschäft hatte sich bereit erklärt, den kaputten Verschluss ausnahmsweise noch am gleichen Tag zu löten, falls es losginge. Ich habe auch noch Bilder gemacht, im Passfoto-Automaten auf dem Rückweg, Fotos von meinem schwangeren Bauch, der jetzt schon 39 Wochen hinter sich und offiziell noch 9 Tage vor sich hatte. Und ich hatte mexikanisch gegessen wie ganz zu Beginn der Schwangerschaft, als ich ihn ein paar Wochen lang jeden Abend zum Mexikaner geschickt hatte, um Guacamole zu holen. «Wieso habe ich plötzlich wieder Heißhunger auf Guacamole?», fragte ich ihn. «Glaubst du, sie kommt?»

«Ich weiß nicht», sagte ich, «wahrscheinlich nicht.» Dabei hatte ich am Vortag im Büro ungefähr sieben Mal gesagt, dass es jetzt jeden Tag losgehen könnte. Als ich an diesem Morgen, an dem sie Bauchschmerzen hatte, von denen wir beschlossen hatten, dass sie noch keine richtigen Wehen waren, dann ins Büro wollte, sagte sie: «Bleib besser hier. Falls es doch nicht bloß Probewehen sind.» Und ich schrieb eine Mail, dass es jetzt wahrscheinlich losgehe, jedenfalls könnte es sein. Dann rief ich die Hebamme an, eine Virtuosin der Gelassenheit. Wie oft, fragte sie. Alle fünf Minuten, sagte ich. In einer halben Stunde bin ich bei euch, sagte sie. Als sie da war, kamen die Wehen, die wir irgendwann an diesem Morgen für richtige Wehen zu halten begonnen hatten, schon alle vier Minuten. Wir fuhren los, sie auf dem Rücksitz, alle vier Minuten stöhnte es von hinten, und Kathrin sagte, sie im Rückspiegel beobachtend: «Atmen, atmen!

Es war ein regnerischer, stürmischer Tag, der nie ganz hell geworden war, die Autos zogen eine Gischt hinter sich her, die Klinik war am anderen Ende der Stadt. «Du wirst ein Sturmkind», sagte ich zu meinem Bauch. Nach einer Stunde Fahrt waren wir da. Ich kam ins Vorwehen-Zimmer. Der Wehenschreiber schrieb Wehen, «wie ein Uhrwerk», sagte die Hebamme, die Tagschicht hatte. Wir zündeten eine Kerze an, ich lag da, wir sprachen mit Fanny, es war gemütlich, nur alle drei Minuten nicht. «Hinterher will ich einen Hawaii-Burger», sagte ich, «mit ordentlich Pommes.» Er lachte: «Denkst du sogar jetzt noch ans Essen.» Ein paar Mal ging er raus, um zu rauchen. «Wir schaffen das schon», flüsterte ich, «Fanny, mein kleines Sturmkind, jetzt kommst du wirklich.»

Wir sollten noch einmal spazieren gehen. Es regnete. Alle paar Minuten kamen Wehen, und wir blieben stehen. Wir gingen bis zum Fluss, der an der Klinik vorbeifloss, obwohl man in der Dunkelheit eigentlich kaum etwas sehen konnte. Wir stellten uns die Aussicht vor und hielten einander fest. Wir machten noch ein paar Anrufe. Wie es ginge? Es ging voran. Wir übersiedelten in den Kreißsaal. Jutta hatte übernommen, die Nachtschicht. Sie saß jetzt in der Badewanne. Die Schmerzen waren so stark geworden, dass sie sie kaum noch ertragen konnte. Das Kind hatte sich falsch gedreht, es lag jetzt so, dass die Schmerzen immer unerträglicher wurden, es hatte den Kopf nicht nach vorne zwischen die Schultern gezogen, sondern nach hinten oben in den Nacken gelegt, Sternengucker nennt man solche Babys. Jutta beschloss, dass es Zeit für eine PDA sei.

Wie lange waren wir hier? Acht, zehn Stunden, ich weiß es nicht mehr genau. Die Zeit verging, ohne dass ich es bemerkte, nur die Schmerzen waren der Puls der Zeit. Atmen, immer weiteratmen, nicht aufhören zu atmen, atmen, nicht schreien. Ich versuchte es im Stehen. Ich versuchte es auf allen vieren. Ich versuchte, mich an die Heizung im Bad zu lehnen. Ich legte mich wieder ins Bett und auf die Seite und krallte meine Hände noch fester in seine. Wie ich ihn dafür liebte, dass er einfach schwieg und meine Hand nie losließ.

Man kann nichts tun. Man kann nur danebensitzen und mitatmen und Beschwörungen flüstern, die so leise sind, dass niemand sie hören kann. Bei der PDA ging ich kurz hinaus, als ich wieder hereinkam, waren Schläuche in ihr, noch zehn, 15 Minuten, hieß es, dann sollte es erträglicher sein. Ich guckte auf den Monitor, der die Stärke der Wehen und den Herzschlag des Kindes anzeigte. Dann fiel Fannys Herzschlag, von einer Sekunde auf die andere. Jutta telefonierte, eine Minute später standen sie zu dritt um das Bett, die Anästhesistin zog eine Spritze auf, vorsichtshalber. Lass alles gut sein, flüsterte ich, bitte, bitte, bitte, lass alles gut sein.

«Das kommt manchmal vor», sagte Jutta, das Baby spürt die PDA und beruhigt sich dann wieder. Jetzt ging es endlich besser. Ich konnte mich ausruhen zwischen den Wehen, wir konnten wieder miteinander reden. Alles normal. Bis die PDA aufhörte zu wirken. Die Schmerzen waren wieder da, stärker als zuvor, und gingen nicht mehr weg, und wurden immer schlimmer, obwohl die Anästhesistin nachdosierte, oder wie immer man es nennt, was Anästhesistinnen tun. «Jetzt wird es kalt am Rücken», sagte sie, «nicht erschrecken», es wurde kalt, aber nicht besser. Warum ihre Substanzen nicht wirkten, konnte niemand sagen. Kommt wohl manchmal vor. Wie eben alles manchmal vorkommt. Aber musste es gerade jetzt vorkommen?

Sie schrie. Und fluchte. Und schrie. Und fluchte. In den Pausen zwischen den Schreien, die zu kurz waren, als dass sie sich noch hätte erholen können, war Jutta gut zu ihr. Legte ihr die Hände auf den Rücken, machte ihr Mut. «Du schaffst das, du machst das ganz toll.» Ich sah ihr ins Gesicht und ihren Schmerzen zu und hasste die Schmerzen. Ja klar, ich war an ihrer Seite, ich liebte sie, aber in diesen Stunden fand ich das arg mickrig. Dann beschlossen Jutta und die Ärzte, die Sache zu beschleunigen, auf die altmodische manuelle Weise. Die Ärztin kletterte auf sie und drückte mit beiden Händen von oben auf ihren Bauch.

«Bei der nächsten Wehe halt die Luft an und press mit aller Kraft», sagte Jutta. Ich versuchte, die Luft anzuhalten, konnte aber nur schreien. «Beim nächsten Mal», sagte Jutta, «du kannst das, los geht's, Luft anhalten und pressen, gut so», sagte sie, «ja, genau.» «Wie oft noch?», brüllte ich. «Fünf Mal», sagte sie. Dann passierte etwas Merkwürdiges. Obwohl ich keine Kraft mehr hatte, obwohl ich noch dachte: Ich stehe jetzt auf und gehe nach Hause, obwohl ich die Schmerzen einfach nicht mehr aushalten konnte, wusste ich plötzlich, dass ich es schaffen würde. Ich sagte: «Ich schaffe das jetzt.» Und schloss die Augen und presste, bis mir schwindelig wurde. «Schau runter», sagte Jutta, «da ist das Köpfchen.» Ich sah ihren Kopf und konnte es nicht glauben. «Neinnein», sagte ich. «Dochdoch», sagte Jutta. Ich presste wieder und schrie. «Da ist sie», sagte Jutta, «schau doch nur.» Er durchtrennte die Nabelschnur, obwohl er solche Angst davor gehabt hatte, ihr weh zu tun. Sie wickelten sie in eine Decke und legten sie auf meinen Bauch. Da bist du endlich, dachte ich.

«Fanny», sagte ich. «Fännchen», flüsterte er. Dann weinte ich und lachte und sah ihn und seine Tränen und konnte es endlich glauben.

1. Dezember
Sie liegt da und schläft und während sie schläft, probiert ihr Gesicht alle möglichen Ausdrücke aus, Gefühle, von denen sie noch gar keine Ahnung haben kann, aber wer weiß das schon. Manchmal runzelt sie skeptisch die rechte Augenbraue, die eher die Idee eines Striches ist als ein Strich. Manchmal formt ihr Mund eine Schnute. Manchmal legt sie ihre Stirn in Falten. Manchmal schaut sie mich an, als läge in meinem Gesicht die Antwort auf eine Frage, ein Blick, der so viel älter ist als sie. Ich bewache sie. Ich komme nicht los von ihr, ich kann mich nicht sattsehen an ihr, sie ist so schön, so winzig, so da.

So sind unsere Tage jetzt: Aus der Zeit gefallen, es gibt gerade kein Gestern und kein Morgen mehr, nur Momente und Bedürfnisse. Ich wache aus meinem Halbschlaf auf, weil sie wach ist, weil sie schreit, weil sie Hunger hat. Ich stille sie, ich wickle sie, ich trage sie von einem Zimmer ins nächste, lege sie vom Sofa aufs Bett und vom Bett aufs Sofa, lege sie mir auf den Bauch, draußen wird es dunkel und wieder heller und wieder dunkel, so richtig hell wird es überhaupt nicht mehr, wir machen das Licht im Wohnzimmer selten aus.

3. Dezember
Es ist erstaunlich, wie schnell man Erinnerungen hat. Wir stellen einander schon «Weißt du noch»-Fragen, wir sprechen von früher, dabei ist sie gerade zwei Wochen alt.

Weißt du noch, die Nacht nach ihrer Geburt?
Ich kann mich nicht mehr an die Schmerzen erinnern. Sie sind bloß noch eine Ahnung, ein Wissen, etwas sehr Entferntes, das keine Macht mehr hat. Die Erinnerung beginnt in dem Moment, als die Schwestern und Ärzte den Kreißsaal verlassen und das Licht ausmachen. Ich hatte gar nicht mitbekommen, warum wir die Nacht im Kreißsaal bleiben durften, du hattest mir erst am nächsten Morgen erzählt, dass gerade kein Zimmer für uns frei war, aber es hatte mich auch nicht interessiert. Wir liegen auf dem Bett, auf dem ich vor einer halben Stunde Fanny geboren habe, du neben mir, sie auf meinem Bauch. Ich bin müde, ich habe keine Kraft mehr, ich bin so erschöpft, dass ich nicht mal den Kopf anheben möchte, aber ich kann nicht schlafen. Auf meinem Bauch liegt das Baby. Gestern war sie noch in meinem Bauch. Meine Arme umschließen sie, aber ich kann es noch immer nicht glauben, nicht glauben, dass die Geburt jetzt hinter und nicht mehr vor mir liegt, dass sie wirklich hier ist, bei uns. Irgendwann wecke ich dich, um dir Fanny auf den Bauch zu legen, ich muss schlafen, endlich schlafen, aber als sie auf dir liegt und ihr beide ganz friedlich und selbstverständlich neben mir schlaft, kann ich erst recht nicht die Augen zumachen. Sie sieht noch ganz verknittert aus, frisch geschlüpft und gleichzeitig uralt.

Weißt du noch, die zweite Nacht im Krankenhaus?
Du hast im Gästehaus der Klinik geschlafen, weil alle Familienzimmer belegt waren. Ich habe dich vermisst, ich wollte zu dritt sein in dieser Nacht. Es ist so still im Zimmer, dass ich das Ticken der Wanduhr hören kann. Sie liegt links neben meinem Bett in einer Wiege. Als sie aufwacht, nehme ich sie heraus. Sie weint, sie weint ganz fürchterlich und beruhigt sich nicht, ich weiß nicht, was ich tun soll, sie braucht keine Windel, sie will nicht herumgetragen werden, sie will auch nicht trinken, aber vielleicht liegt es auch nur daran, dass ich nicht wirklich raushabe, wie das mit dem Stillen geht. Ich will nicht nach der Schwester klingeln, nicht um diese Zeit, mache es dann aber doch. Es ist mir peinlich zu sagen, dass ich nicht weiß, was sie hat, nicht weiß, was sie will, vollkommen ratlos bin. Die Schwester redet sanft mit mir, «das findet sich doch alles, keine Sorge, gib dir und deinem Kind ein bisschen Zeit».

Sie fragt, ob sie das Kind anlegen dürfe, dann nimmt sie meine Brust, als wäre sie meine Hand, und schiebt sie dem Baby in den Mund. Fanny trinkt, als hätte sie nie nicht getrunken. Als die Schwester ein paar Minuten später leise die Tür schließt, schläft sie schon wieder. Ich liege noch wach, warte, ob sie wirklich schläft, und es ist wieder ganz still. Die Uhr tickt, ich bin unendlich müde und kann nicht schlafen.

«*Weißt du noch, unser letzter Abend im Krankenhaus?*», *fragt er.*
«Wir hatten ein Familienzimmer bekommen, und ich habe für dich eingekauft, die präzise Liste deiner Gelüste:

Käsebrot, Kokos-Zwieback, Orangensaft, Paprika-Chips. Wir haben uns gemeinsam auf dein Bett gelegt und ‹Harry und Sally› geguckt. Alle paar Minuten ist einer von uns beiden aufgestanden und hat in die Wiege geschaut, ob sie noch da ist.»

Weißt du noch, als wir zum ersten Mal mit ihr nach Hause kamen?
Ich habe ihr das Wohnzimmer gezeigt und die Küche und das Schlafzimmer und ganz zuletzt ihr Kinderzimmer. Die Teddy-Postkarten, die ich für sie gesammelt hatte, die Wickelkommode, das Schlafschaf, das ich während meiner Schwangerschaft so oft auf meinen Bauch gestellt hatte. Auf der Kommode liegt der neue Schlafsack, den ich noch waschen wollte. Wir sind zu Hause, ich bin aufgeregt und glücklich und erleichtert und erschöpft und irre heißhungrig auf einen Burger mit Pommes.

4. Dezember
In der Post ist eine Karte unserer Freundin Hanna, die gerade ein Studiensemester in den USA verbringt, ich habe sie schon oft gelesen und bin jedes Mal wieder gerührt von dem, was sie schreibt, von der Karte, die sie für Fanny ausgewählt hat, von den Worten, die sie gefunden hat – eine Passage aus dem Vorwort zur Erstausgabe von Walt Whitmans «Grashalmen» – 155 Jahre alte Worte:

> *«Was du tun sollst, ist dies: Liebe die Erde, die Sonne und die Tiere, verachte Reichtümer, gib jedem, der da bittet, tritt ein für die Unwissenden und Schwachsinnigen, widme dein Einkom-*

men und deine Arbeit anderen, hasse Tyrannen, streite nicht wider Gott, habe Geduld und Nachsicht für deine Mitmenschen, zieh den Hut vor nichts Bekanntem oder Unbekanntem, vor keinem Menschen und vor keiner Menschenmenge – gehe frei mit starken einfachen Menschen um, mit jungen Leuten und Müttern der Familien – überprüfe alles, was du in Schule und Kirche oder aus irgendeinem Buch gelernt hast, und verwirf, was auch immer deine Seele beleidigt; und dein leibhaftiges Fleisch und Blut sollen ein großes Gedicht sein.»

6. Dezember

Ich liege halbnackt auf dem Sofa, bedeckt von zwei riesigen Weißkohl-Blättern. Die glühenden Steine, die früher meine Brüste waren, garen den Weißkohl, den er immer wieder frisch aus dem Kühlschrank holt. Es riecht nach Suppe, es tut schrecklich weh, ich möchte mir lieber nicht vorstellen, wie es sich anfühlt, wenn das Kind gleich andockt.

9. Dezember

Heute haben wir sie zum ersten Mal gebadet, in einer Baby-Badewanne, die wir auf den Küchentisch gestellt haben. Wie so oft in den letzten Tagen habe ich versucht, mir vorzustellen, wie seltsam dieses Leben für sie sein muss. Plötzlich wird man von einer Riesin und einem Riesen ausgezogen. Plötzlich ist es wärmer, als es gerade eben noch war, plötzlich fühlt es sich ganz anders an, plötzlich ist da Wasser.

Wenn mir so viele Plötzlichkeiten geschähen, von denen ich nicht wüsste, ob sie schön oder unangenehm oder gefährlich sind oder warum sie mir passieren oder ob ich überhaupt Lust auf sie habe, ich würde laut schreien. Oder verrückt werden. Aber Babys schaffen das. Eine Zeitlang ist alles in ihrem Leben das allererste Mal. Das erste Mal auf einem anderen Körper liegen, Haut an Haut. Das erste Mal Stoff auf dem eigenen Körper. Das erste Mal auf einem Arm getragen werden. Das erste Mal aufwachen, und es ist hell, das erste Mal wach sein, und es wird dunkel. Das erste Mal gewickelt, gestreichelt, geküsst werden. Neulich hat er ausgerechnet: Eine Frau, die so groß wäre, wie ich es für Fanny bin, wäre 5,39 Meter groß. Der Riese, der käme, um ihn hochzuheben, wäre 7,17 Meter groß. Früher, wenn ich die Babys meiner Schwester auf dem Arm hatte, dachte ich oft, was für ein langweiliges, schönes Leben das wohl sein muss: Schlafen, essen, kuscheln. Kuscheln, essen, schlafen. Jetzt kommt es mir wie das genaue Gegenteil vor. So viel wie als Baby passiert einem Menschen sein ganzes Leben nicht mehr.

Er nahm sie auf seinen Unterarm und ließ sie ganz langsam ins Wasser gleiten. Sie riss ihre Augen weit auf, für einen Moment dachte ich, dass sie anfängt zu weinen, aber dann entspannte sie sich, trieb ruhig und friedlich im Wasser, machte sich lang, nur ihre Zehen rollte sie ein. Die Badewanne ist klein, aber selbst, wenn sie sich ganz ausstreckt, kommt sie nicht einmal in die Nähe des Randes. Nach ein paar Minuten hoben wir sie wieder aus der Wanne, schlugen sie in ein warmes Badetuch, in dem sie völlig verschwand, ich summte ihr etwas vor, *twinkle, twinkle little star,* das kannte sie schon.

17. Dezember
Heute wird sie einen Monat alt. Es ist nur ein Datum, aber ich fühle mich trotzdem sehr feierlich und beschließe, dass wir unsere eigene kleine Party feiern und uns aufbrezeln, sie mit der braunen Jacke, die meine große Schwester ihr gestrickt hat, ich mit roten Lippen. Wir machen einen Spaziergang und suchen nach einem Weihnachtsgeschenk für sie, wir kaufen Kuchen und tanzen in der Küche, sie liebt diese Kinder-CD, die ich gekauft habe, weil mir der Titel so gefallen hat: «Do Fun Stuff». Sie mag das Geburtstagslied (passt ja heute), und wir hören es wieder und wieder und tanzen, bis sie auf meinem Arm einschläft.

21. Dezember
Dinge, die ich nicht erwartet hatte:

Wie müde man sein kann.
Ich bin so müde, dass ich mich andauernd verspreche. Ich bin so müde, dass mir die Augen brennen. Ich bin so müde, dass ich zwischendurch schon selbst wie ein Kleinkind rede, vermutlich, weil ich gerade auch so denke: «Mama, Hunger, oh ja, großen, großen Hunger.» «Mama, müde, ohhh, Mama will endlich Schlafi machen!»

Wie aufwendig noch die kleinsten Dinge sind.
Ich hätte mir nie vorstellen können, dass ich für einen Windeleinkauf in der Drogerie mal zwei Stunden brauchen würde. Tatsächlich brauche ich manchmal sogar noch länger: Warten, bis das Kind aufwacht. Kind stillen.

Kind wickeln. Kind anziehen. Kind noch einmal neu anziehen, weil es sich in der Sekunde, wo es fertig angezogen war, vollgespuckt hat. Angezogenes Kind in die Wippe legen, Wippe vor die Dusche stellen. Speedausziehen. Speedduschen. Nass aus der Dusche raus, weil das Kind quakt. Zurück in die Dusche. Einbeinig weiterduschen, weil das Kind es deutlich lieber hat, wenn es ein wenig gewippt wird. Speedabtrocknen. Minimal-Make-up auflegen (Wimperntusche), weil das Kind keine Lust mehr auf die Wippe hat (dabei könnte ich eine Ladung Make-up gebrauchen, meine Augenringe sind schwärzer als der Humor von Monty Python), shh, shhh, ist schon gut, Mama will sich nur schnell ein Gesicht aufmalen, shh, shhhh, wo ist denn meine blaue Strickjacke, egal, ziehe ich eben den Pullover von gestern an. Die Babytrage suchen. Was macht die Babytrage bitte im Schlafzimmer? Das Kind umbinden. Die Mütze vom Kind suchen. Meine Mütze suchen. Mantel an, Mantel zu. Shit. Stilleinlagen vergessen. Mantel wieder auf, Stilleinlagen rein, AHHHH, verdammt, das war der Klebestreifen, Mantel wieder zu, jetzt aber. Als ich vor der Haustür stehe, fällt mir ein, dass ich mein Portemonnaie vergessen habe.

Wie schnell die Gefühle von ganz oben nach ganz unten gehen.
In einem Moment bin ich die entspannteste Mama, die die Welt je gesehen hat, ich mache Frühstück, das Bett und alles mit links, ich wasche mir die Haare und ziehe mir etwas Anständiges an, ich gehe einkaufen und besorge Abendessen. Bis sie müde ist und nicht schlafen will oder kann und weint. Oder hellwach ist und weint.

Oder weint, weil ihr der Bauch weh tut. Nichts Dramatisches, bloß das ganz normale Babyleben mit seinen ganz normalen Untröstlichkeiten. Würden mich die Untröstlichkeiten manchmal nur nicht selbst so untröstlich machen. Würde meine Stimmung an Tagen wie diesen nicht manchmal Richtung Erde plumpsen wie eine verloschene Silvesterrakete. (Auch so eine Merkwürdigkeit des Mutterseins: die Grundsätzlichkeit, die plötzlich alles bekommt, das Glück, aber auch die Kleinigkeiten – als wäre jeder verkorkste Nachmittag, jede verweinte Stunde, jede schlechte Nacht ein Hinweis auf meine Qualitäten als Mutter, ein Maß, an dem mein Muttersein gemessen wird. Er hat sich, falls er es mir nicht verschweigt, was ich nicht glaube, noch nicht eine Minute den Kopf darüber zerbrochen, ob er ein guter Vater ist oder nicht.)

Wie schnell die Gefühle von ganz unten nach ganz oben gehen.
Es braucht nur ein Gurren, ihre kleine Hand in meiner, einen ihrer Blicke, ihren Still-Blick zum Beispiel, kurz bevor sie einschläft. Oder der Blick, den sie hat, wenn sie aufwacht und mich sieht.

Wie pausenlos das Leben plötzlich ist.
Ich hatte mich darauf eingestellt, dass mit ihrer Geburt ein neues Leben beginnt, ich habe nur nicht damit gerechnet, wie pausenlos dieses neue Leben sein würde. Dass man sich einmal danach sehnen würde, in Ruhe einen Becher Kaffee zu trinken. Oder mal in Ruhe ins Bad zu gehen. Oder mal in Ruhe zu telefonieren. Bloß fünf Minuten.

Wie alleine ich mich manchmal fühle.
Ich weiß, dass er zur Arbeit gehen muss, wie meine Freunde zur Arbeit gehen und die meisten anderen Menschen, aber das Wissen ändert nichts am Gefühl. Ich habe mich immer schon schnell alleine gefühlt, es ist eines dieser Gefühle, die zu mir gehören wie der Leberfleck an meinem Hals. Ich hätte bloß nicht gedacht, dass man sich auch alleine fühlen kann, wenn man den ganzen Tag mit einem hinreißenden Baby verbringt, aber ich fühle mich oft alleine. Weil die Wohnung verdammt still ist, wenn sie schläft, weil ich gerne jemandem erzählen würde, wie muffig/unfassbar süß/hungrig/riesengroß sie heute ist, weil ein Tag manchmal irrsinnig lang ist, wenn er darin besteht, einem klitzekleinen Menschen beim Klitzekleinermenschsein zuzusehen.

Wie beknackt man in seiner Baby-Verknalltheit wird.
Manchmal muss ich grinsen, wenn ich mir dabei zuhöre, wie ich von ihr erzähle. Wie zu den 20 Kosenamen, die sie schon hat, jeden Tag noch drei, vier weitere hinzukommen. Noch mehr muss ich grinsen, wenn wir uns gegenseitig erzählen, wie zauberhaft unsere Tochter ist, wenn wir einander erzählen, was sie gerade tut, noch während sie es tut, und wir ihr beide dabei zusehen. Obwohl sich ihr Gesicht und ihr Körper höchstwahrscheinlich nicht minütlich verändern, erzählen wir uns andauernd, wem sie gerade wieder ähnlicher sieht, meine Augen, meine Stirn, seine Beine, seine Füße, seine Nase, nein, meine, ach, schau doch mal.

24. Dezember
Ich habe Geschenkpapier für den kleinen weißen Strickbären mit der silbernen Krone gekauft, Geschenkpapier mit winzigen Weihnachtsmännern und eine dicke rote Schleife, obwohl ich weiß, dass ich den Bären nicht nur ein-, sondern später auch wieder auspacken werde. Es ist das Erste, das ich morgens mache, noch bevor ich einen Kaffee trinke: Ich packe ihren Bären ein. Ich fühle mich auf eine fast schon alberne Weise weihnachtlich, ich mache die «Hohoho»-Playliste an und singe laut mit: *«Last Christmas, I gave you my heart, but the very next day, you gave it away, this year, to save me from tears, I'll give it to someone special.»*

Wir beginnen den Tag mit einem Spaziergang zum Tannenbaumstand, aber als wir ankommen, packt der Tannenbaum-Mann gerade ein. Ich denke an den kleinen Blumenladen gegenüber der Post, wenn ich mich richtig erinnere, hatte er kleine Tannenbäume, also gehen wir zum Blumenladen gegenüber der Post, und der Blumen-Mann hat tatsächlich noch eine letzte Mini-Tanne übrig, ein schlappes, halbvertrocknetes Bäumchen in einem geflochtenen Korb. «Der hätte in der Baumschule aber nachsitzen müssen», sage ich und lache, der Blumen-Mann sagt: «50 Euro. Für den Korb noch mal fünf Euro extra.» Es ist der Preis für Verzweifelte, für Deppen wie uns, die fünf vor Heiligabend ihren Tannenbaum kaufen und dann auch noch schlechte Witze reißen. Als wir die Mini-Tanne auf den Küchentisch stellen, müssen wir beide schrecklich lachen. Es ist der mit Abstand hässlichste, schönste Tannenbaum, mit dem wir je Weihnachten gefeiert haben.

Wir schmücken das Bäumchen und zeigen Fanny jeden Anhänger, die Herzen, die Pferdchen, die Sterne. Sie guckt und guckt und guckt. Wir schauen uns «Tatsächlich ... Liebe» an, er bereitet den Truthahn vor, ich mache den Rotkohl und die Cranberry-Soße. Später liegen wir auf dem Sofa und packen unsere Geschenke aus, zuerst ihren Bären. Das Knistern des Papiers interessiert sie deutlich mehr als der Bär selbst. Sie guckt und guckt und guckt. Dann kippt ihr Kopf zur Seite, und sie schläft ein. Er geht in die Küche und schiebt den Apfelstrudel in den Ofen, ich stelle mich mit ihr ans Fenster. Unser Nachbar hat wie jedes Jahr alle seine Fenster mit blinkenden Lichtern behängt, ein Rentier, ein Schlitten, ein Tannenbaum, eine Sternschnuppe, es leuchtet grün und rot und weiß. Ich mache das Licht aus, damit es noch ein bisschen heller leuchtet und gehe zurück ans Fenster. Ihr schlafendes Gesicht leuchtet, rot und weiß und grün. Ich flüstere «Frohe Weihnachten, Flöckchen» und fühle mich schrecklich reich beschenkt.

31. Dezember
Früher habe ich mich am letzten Tag des Jahres immer hingesetzt und eine Liste mit den Menschen und Dingen geschrieben, die ich nicht mit ins nächste Jahr nehmen möchte: Menschen, über die ich mich sehr geärgert habe, Dinge, die mich genervt haben, Angewohnheiten, die ich loswerden will. Dann habe ich die Liste feierlich verbrannt. Kindisch und abergläubisch, aber auch sehr befreiend. Aber als ich mich hinsetze, um die Liste zu schreiben, fällt mir nichts ein, was ich aufschreiben

könnte (ich habe ja sogar mit dem Rauchen aufgehört). Zum ersten Mal seit Jahren will ich nichts loswerden, sondern bloß behalten, was ich gefunden habe, einfach alles so lassen, wie es ist. Ich habe dieses Jahr Menschen kennengelernt und getroffen, für die ich einfach nur dankbar bin (allen voran meine Hebamme, die mich so oft geerdet, getröstet, beruhigt, zum Lachen, zum Durchatmen gebracht hat; oder die Hebamme in der Klinik, die mir so viel Mut und Kraft gegeben hat, die mich so stark gemacht hat, als ich dachte, dass ich einfach nicht mehr kann – und die mir nach der Geburt einen Brief geschrieben hat, den ich für immer aufheben werde). Also schreibe ich «DANKE» auf einen Zettel, falte ihn und lege ihn unter den Blumentopf auf dem Balkon. Ich weiß nicht, warum ich das tue, aber es kommt mir richtig vor. Als ich um Mitternacht mit ihm auf den Balkon gehe, das Kind warm und schlafend unter meinem Wintermantel an meinem Bauch, ist der Zettel weg.

7. Januar

Ich weiß noch genau, wann es begann. Am Montagmorgen. Das Baby war auf meinem Arm gerade wieder eingeschlafen, ich brachte ihn noch zur Tür, und er gab uns beiden einen Kuss, ganz vorsichtig nur, damit sie nicht aufwachte. Er sagte: «Bis nachher, meine beiden Frauen», dann schloss er leise die Tür hinter sich. Ich stand im Flur, das Kind auf dem Arm, und fühlte mich wie der einsamste Mensch.

Die letzten Tage waren auch nicht anders vergangen als die Tage davor, an denen ich glücklich war. Aber sie fühlten sich anders an. Ich war gereizt, wenn sie weinte, und gereizt, wenn sie nicht einschlief, gereizt mit ihr, mit ihm, mit mir. Wenn sie schlief, wusste ich nicht, wohin mit mir und meiner Zeit. Wenn sie wach war, wünschte ich mir mehr Zeit für mich. Ich hätte so gerne mit jemandem geredet, der gerade Ähnliches erlebt wie ich, mit anderen Müttern. Aber meine Freundinnen haben (noch) kein Kind – oder Kinder, die schon älter sind. Freundinnen, die zwar ein Zuhause für mich sind – mit denen ich aber nicht unbedingt über Brustwarzencremes sprechen will.

Ich bin so erschöpft.
Mein Körper ist so erschöpft.
Ich bin so alleallealle.
Ich glaube, mein Herz ist gerade auch ein bisschen müde.
Ich bin gereizt und sauer auf mich, weil ich nicht verstehe, wie ich neben diesem hinreißenden Kind etwas anderes empfinden kann als Zufriedenheit.
Ich schäme mich für den Gedanken, dass die Zukunft, die ich so wenig hatte erwarten können, sich jetzt bloß noch wie eine Gegenwart anfühlt.

Als er Freitagabend um halb elf von der Arbeit kommt, noch später als an all den anderen Freitagen, fange ich schrecklich an zu weinen. Ich weine, als hätte ich den ganzen Tag nur darauf gewartet.

«Schlimm, ganz schlimm, richtig schlimm?», fragt er leise.

«Ziemlich schlimm», sage ich. «Dabei weiß ich nicht einmal, was das Problem ist. Ich bin einfach fertig. Alles, was ich letzte Woche noch schön fand, finde ich jetzt bloß anstrengend. Es gibt nichts, was mich gerade nicht anstrengt, ich bin schon beim Aufstehen völlig erledigt. Ein kleiner Wäscheberg erscheint mir wie der verdammte Mount Everest – und die Beknacktheit dieser Tatsache macht es nicht besser.»

«Du bist erschöpft», sagt er leise. «Findest du das so erstaunlich? Du hast einen Marathon hinter dir und bist endlich über die Ziellinie gelaufen. Und jetzt erwartest du von dir, dass du einmal tief Luft holst und weiterläufst. Erlaub dir doch mal Muskelkater.»

«Lebensmuskelkater?»

«Lebensmuskelkater, Liebesmuskelkater, nenn es, wie du willst.»

«Aber die Wohnung macht sich nicht von alleine. Das Essen und die Wäsche und alles andere leider auch nicht. Und dann ist da auch noch so ein kleines Mädchen.»

«Ach, komm schon. Du weißt, was ich meine.»

«Natürlich weiß ich das. Mit einer Nacht Schlaf sähe das Ganze wahrscheinlich auch schon wieder ganz anders aus. Ich bin gerade nur weich in der Birne. Weich und müde und emo und selbstmitleidig.»

Er guckt mich lange an.

Dann nimmt er meine Hand.

Dann grinst er.

«Und es ist so kalt», sagt er mit dieser Stimme, von der ich immer sage, dass sie seine Rumnöl-Stimme ist (es ist die Stimme, mit der sonst immer der Hypochonder aus ihm spricht).

«Nimmst du eigentlich ernst, was ich hier sage?», frage ich, aber als er guckt, wie er guckt, mit seinem Verlassener-Welpe-angeleint-vorm-Supermarkt-Blick, muss ich auch ein bisschen lachen.

«Und es soll das ganze Wochenende regnen», sagt er.

«Und Weihnachten ist vorbei», sage ich.

«Und es wird frühestens im Mai wieder hell», sagt er.

«Dich vermisse ich auch die ganze Zeit», sage ich und lache nicht mehr. «Und dann bin ich sauer, wenn du abends von der Arbeit kommst und keine Lust mehr hast, noch zu reden, weil du den ganzen Tag nichts anderes gemacht hast, als immer nur zu reden, während ich den Tag damit verbracht habe, Selbstgespräche mit dem Baby zu führen, das manchmal zurückgurrt, und meistens nicht. Wenn du nach Hause kommst, wünsche ich mir nichts sehnlicher, als endlich mal in Ruhe zu REDEN, während du dir nichts sehnlicher wünschst, als endlich zu SCHWEIGEN. Und wenn ich dann rede und du schweigst, hörst du mir nicht richtig zu. Du bist irgendwo, ganz weit weg, nicht hier jedenfalls.»

«Ich bin hier, direkt vor deiner Nase», flüstert er.

«Stimmt nicht», sage ich. «Stimmt eben nicht.»

«Doch», sagt er. «Manchmal muss ich nur erstmal zu Hause ankommen.»

Als ich Luft hole, um ihm zu erzählen, was für ein merkwürdiges Gefühl es ist, sich den halben Tag alleine zu fühlen und sich trotzdem danach zu sehnen, mal wieder ein bisschen alleine zu sein, höre ich das Kind, das aufgewacht ist. Als ich zurück ins Wohnzimmer komme, hat er mir einen Kakao gemacht.

«Vorschlag», sage ich. «Morgen lege ich eine Pause ein

und gehe raus. Ein, zwei Stunden, auf einen Kaffee und eine Runde Büchergucken.»

Ich nicke, als müsste ich mir selbst bestätigen, was ich gesagt habe. Er nickt mit.

8. Januar

Ich vermisse das Kind schon nach fünf Minuten. Ich sitze im Bus und vermisse das Kind. Ich probiere eine Bluse an und vermisse das Kind, und meine Brüste explodieren. Ich schreibe eine SMS.

«Alles klar bei euch?»

«Türlich, türlich», schreibt er zurück, und ich muss lachen.

Ich gehe in den Buchladen und suche mir ein paar Bücher aus, die mich interessieren, ich setze mich in einen der Sessel und lese die ersten Seiten und vermisse das Kind. Wir waren nie länger als eine Dusche oder einen Supermarkteinkauf getrennt. Aber das hier ist auch herrlich. (Wenn mir letztes Jahr jemand gesagt hätte, wie verwegen es sich einmal anfühlen würde, eine Stunde in einem Buchladen zu sitzen, ich hätte ihn ausgelacht.)

Als ich im Bus nach Hause sitze, habe ich plötzlich einen Garbage-Song im Ohr, den ich einen Liebeskummer lang ständig gehört habe und seitdem nie wieder. Dabei habe ich diesen Song so geliebt, wegen dieser einen Zeile: *«The trick is to keep breathing.»*

14. Januar
Manchmal sind die schönsten Momente die, in denen alle einfach schweigen, weil es keine Worte gibt, die schöner wären als dieser Moment. In ihrem Blick liegt etwas so Weiches, etwas so aus der Welt Gefallenes, etwas so Schönes.

Ich bin immer aufgeregt, wenn meine Eltern mich besuchen. Ich habe das Gefühl, beweisen zu müssen, dass ich alles im Griff habe, die Wohnung, das Abendessen, meine Beziehung, mein Leben, die Schublade mit den Gewürzen. Dabei gibt es nichts zu beweisen, meine Eltern haben sich noch nie an meiner Art zu leben gestört, nicht einmal, als ich in eine beeindruckend versiffte WG mit zwei Physikern gezogen bin. Aber dieses Treffen ist anders. Meine Eltern sehen zum ersten Mal ihr Enkelkind. Und mich zum ersten Mal als Mutter.

Ich räume noch die Handschuhe weg, die auf der Kommode liegen, ich überlege, noch schnell die Schublade aufzuräumen, in der riesiges Chaos herrscht. Aber ich mache die Schublade wieder zu, weil es klingelt und weil ich meine Eltern im Treppenhaus höre, weil ich höre, wie sie vor unserer Wohnungstür stehen.

Normalerweise ist unser Empfang immer laut, wie war die Reise, es war Stau, och nee, seid ihr danach wenigstens gut durchgekommen, habt ihr Hunger oder wollt ihr erstmal etwas trinken, ich hab Kaffee gemacht, kommt doch erstmal rein. Dieses Mal ist der Empfang nur ein geflüsterter – sie wollen das Kind nicht wecken, das gerade eingeschlafen ist, sich aber noch nie an irgendwelchen Geräuschen gestört hat. Meine Mutter gibt mir einen Kuss. Mein Vater gibt mir einen Kuss. Ich flüstere, dass sie die Mäntel einfach über unsere Mäntel hängen sollen, obwohl Fanny auch nicht aufwachen würde, wenn ich ganz normal reden würde. Meine Mutter lächelt, als sie den winzigen Schneeanzug am Garderobenhaken hängen sieht und streicht ganz kurz über die winzigen Handschuhe, die mit einem Klettverschluss am Ärmel befestigt sind. Sie haben einen großen Korb mit Geschenken dabei, obwohl ich ihnen extra gesagt habe, dass sie nichts mitbringen sollen. Sie fragen nach *dem Herrn des Hauses* und schmunzeln selbst über diesen Ausdruck, ich sage, dass er heute erst spät nach Hause kommen wird, am Freitagabend wird es immer spät, da ist Abgabe für die Wochenend-Ausgabe. Wir gehen ins Wohnzimmer, meine Eltern haben sich die Schuhe ausgezogen, obwohl ich sie nicht darum gebeten habe, dann setzen wir uns auf unser Riesensofa, mein Vater rechts, Fanny und ich in der Mitte, meine Mutter links. Für eine Sekunde will ich Fanny in ihr kleines Lager legen, das wir auf dem Sofa für sie aufgebaut haben, ein Lager aus der Decke, die Marlenes Mutter für Fanny genäht hat, und dem Stillkissen, stattdessen lege ich sie meiner Mutter in den Arm, ohne sie zu fragen, ich lege sie in ihren Arm, und ihr Arm weiß, was zu tun ist, sie umschließt Fanny, als wären ihre Arme eine Decke. Meine Mutter sieht meine Tochter an und sieht nicht mehr weg, und alles ist ganz still.

17. Januar
Heute ist sie zwei Monate alt. Ich sortiere die Fotos und klebe sie in ein Album, sie trägt jetzt Größe 62, sie ist immer noch winzig, aber schon viel weniger winzig als noch vor acht Wochen. Wann ist sie so groß geworden? Groß. Na, klar. Aber die Bilder zeigen es tatsächlich, erst einen winzigen, dann einen nicht mehr ganz so winzigen, einen kleinen Menschen, man sieht es an ihrer blauen Strickjacke. Auf den ersten Fotos sind die Ärmel zwei Mal umgeschlagen, dann ein Mal, dann passt die Jacke. Jedes Bild ein leiser Seufzer.

Fanny schlafend auf seinem linken Arm, das ganze kleine Mädchen so groß wie sein Unterarm. Noch lieber mag ich nur das Bild, das zeigt, wie die beiden schlafen: sie auf seinem Bauch, den Kopf in die Kuhle zwischen seiner Backe und seiner Schulter geschmiegt, ihren Arm um sein Kinn gelegt.

Sie beim Baden, den rechten Zeigefinger im Mund, ihre Augen sehen auf diesem Bild viel dunkler aus, als sie in Wahrheit sind, sehr hellblau nämlich, auf diesem Foto sind sie fast schwarz.

Sie neben mir auf dem Sofa, fest eingeschlafen, in dem grauen Strampler, den ich so mag. Ich gebe ihr einen Kuss auf den Kopf, es ist eines der wenigen Bilder, auf denen ich genau so aussehe, wie ich mich gefühlt habe.

Sie auf dem Arm meiner großen Schwester. Meine Schwester lächelt still, Fanny hat die Augen schon halb geschlossen, in den nächsten drei Sekunden wird sie die Augen schließen und einschlafen.

Die Hand meiner ältesten großen Schwester mit ihrer

Hand, ihre kleinen Finger umschließen den Zeigefinger meiner Schwester, als würde sie ihn nie wieder hergeben.

Ein Bild von ihrem nackten Fuß, wie er unter ihrer Babydecke herausguckt.

Sie auf dem Arm unserer Freundin Hanna, die wieder zurück in Berlin ist, Hanna streicht mit ihrem Zeigefinger über Fannys Backe, Fanny guckt neugierig und sieht sehr zufrieden aus.

Und dieses eine Bild nach dem Baden, bei dem ich zum ersten Mal dachte, wie erwachsen sie doch aussieht, es liegt etwas Routiniertes in ihrem Blick.

10. Februar
Sie lacht. Und wie sie lacht. Zahnlos, glücklich, gurrend. Die kleinsten Bodys und Socken passen nicht mehr. Ihre Schlafenszeiten passen ihr auch nicht mehr, sie schläft noch später als sonst, manchmal erst um Mitternacht, ich kann mich nur mit viel Mühe so lange wach halten. Dafür beschäftigt sie sich jetzt schon ein paar Minuten ganz mit sich selbst. Dann schaut sie sich in aller Ruhe ihre Finger an oder ihren Teddy oder den Rüssel des Elefanten mit den Knisterohren, den sie so liebt.

Sie hört gerne Musik und liebt es, wenn ich ihr etwas vorsinge. Ihr Musikgeschmack ist allerdings ein wenig seltsam, das eine Lied, das sie wieder und wieder vorgesungen bekommen mag, ist «Loser» von Beck (ich bin mir nicht ganz sicher, was sie mir damit sagen möchte). Was sie noch mag: die Schaf-Spieluhr, auf Papa rumliegen, durch die Gegend getragen werden, am liebsten in der

Babytrage, die Rassel ausprobieren, die ihr Papa aus München mitgebracht hat, den Bauch gepustet bekommen, beim Wickeln den Föhn hören (ein Trick der Hebamme, angeblich klingt ein angestellter Föhn wie die Geräusche im Mutterleib, ich konnte mir das nicht vorstellen, aber es funktioniert phantastisch, sie beruhigt sich jedes Mal).

13. Februar

23:36
Betreff: Hello again

Liebe Marlene,
vorhin hast du angerufen und mir auf die Mailbox gesprochen, «ruf doch mal zurück», hast du gesagt und «wie geht's dir? Wir haben uns ja schon ein paar Tage nicht mehr gehört.»

Wie geht's mir?
Ziemlich gute Frage.
Die kurze Antwort: gut.
Die lange Antwort: Ich weiß es manchmal selbst nicht so ganz genau. Super, beschissen, phantastisch, alle, verzückt, zu Tode gelangweilt, verklebt. Das Gefühl, das über allem liegt, ist die Müdigkeit. Das Gefühl, das unter allem liegt, ist die Liebe. Dazwischen geht es in wildem Zickzack rauf und wieder runter.

Ich bin jetzt schon seit ein paar Wochen Mutter, unser Alltag läuft jeden Tag ziemlich gleich ab: aufstehen, trinken, spielen, schlafen, spazieren gehen, trinken, spielen, baden, schlafen, in dieser oder einer ähnlichen Reihenfolge. Und doch habe ich mich ans Muttersein noch immer nicht gewöhnt. Manchmal wache ich neben diesem Kind auf und kann nicht glauben, dass es tatsächlich mein Kind ist, dass ich tatsächlich Mama bin.

Vor ein paar Tagen ist mir in genau so einem Moment dieser eine Abend eingefallen, als ich mich vor Liebeskummer ganz desaströs betrunken habe, ich saß auf dem Küchenboden in meiner winzigen Wohnung, die bei dir direkt um die Ecke lag, ich habe auf voller Lautstärke Ryan Adams gehört, immer wieder das gleiche Lied,

«And everybody knows the way I walk
And knows the way I talk
And knows the way I feel about you
It's all a bunch of shit
And there's nothing to do around here
It's totally fucked up
I'm totally fucked up
Wish you were here».

Du hast ein paar Mal angerufen, und ich bin nicht ans Telefon gegangen, irgendwann standest du bei mir vor der Tür. Du hast nicht viel gesagt an diesem Abend, aber immer das Richtige. Ich war felsenfest davon überzeugt, dass nie wieder etwas gut wird, dass ich nie im Leben glücklich sein werde, nie im Leben mal zurückgeliebt werden würde. «Doch», sagtest du damals, «wirst du, ich weiß es.»

Ein Kind macht keinen besseren Menschen aus einem, aber schneller, als das sonst vermutlich gegangen wäre, einen anderen. Ich wusste nicht, dass ich zu so einer Liebe fähig bin.

Zu einer Liebe, die so vollkommen unerschütterlich ist, dass ich selbst nach den schlimmsten Scheißtagen abends immer noch neben ihr liege und sie ansehe, ihr beim Schlafen zusehe und glücklich bin. (Immer, wenn meine Mutter auf ihren Bauch gezeigt und gesagt hat: «Da warst du mal drin!», habe ich gestöhnt, jetzt weiß ich, was sie meinte.) Ich war einem Menschen noch nie so nahe wie diesem Kind. Erst waren wir zu zweit in meinem Körper, jetzt sind wir zwei, aber doch immer noch eins, ich bin ihre Nahrung, ihr Arm, ihr Trost, manchmal ihr Bett. Wir teilen die Nächte und die Tage, ich kenne die 25 verschiedenen Arten, auf die sie weinen kann, ihr müdes Weinen, ihr gelangweiltes Weinen, ihr sehr müdes Weinen, ihr Ich-bin-müde-aber-kann-nicht-einschlafen-Weinen. Diese Innigkeit, diese völlige Verbundenheit, diese kreatürliche Liebe, sie haut mich andauernd völlig um.

Das alles hat natürlich einen Preis. Ich bin in den letzten Monaten aus der Welt gefallen. Meine Welt ist so groß wie diese Wohnung, diese Wohnung ist unsere Höhle, selbst meine Gedanken gehen nur noch selten vor die Haustür. Wenn ich dazu komme, blogge ich, weil es mir Spaß macht, weil es mich glücklich macht, vor allem aber auch, um mir zu beweisen, dass es noch ein Universum jenseits dieser Höhle gibt. Es funktioniert nicht immer. Manchmal ist die Welt da draußen ganz schön weit weg, auch wenn sie eigentlich direkt vor meinem Fenster liegt. Und ich vermisse sie. Ich vermisse meine Freunde, dich. Ich vermisse es, mit dir in deiner Küche rumzusitzen und Bier zu trinken. Oder Tee. Ich vermisse es, mit dir zu telefonieren, drei Mal am Tag, weil zwischen jedem Telefonat wieder irgendetwas Neues passiert ist. Ich vermisse es, mit dir ins Kino zu gehen. Ich vermisse es sogar, dir einen

Link zu den Schuhen zu schicken, in die ich mich gerade verknallt habe, damit du mir sagst, dass ich sie unbedingt kaufen muss.

Entschuldige, das muss unzufrieden klingen, das soll es überhaupt nicht. Ich wollte dieses Kind ja unbedingt, und ich möchte dieses neue Leben nie wieder hergeben, nicht für eine Sekunde. Du fehlst mir bloß so oft. Und das alte Leben, die alten Trampelpfade, auf denen ich durch die Welt gegangen bin. Wie gerne würde ich mal wieder in Ruhe mit dir telefonieren (und dir irgendetwas anderes erzählen können als die neuesten Baby-Abenteuer oder Fannyverzückungen, die ich mir nicht verkneifen kann).

Das wollte ich dir eigentlich bloß sagen: Ich bin nicht weg, bloß weil ich gerade nicht wirklich da bin. Es wird eine Zeit kommen, in der ich wieder ich bin, ein Ich, das dich an deine alte Freundin erinnert (es dürfte auch nicht länger als fünf bis zehn Jahre dauern).

Wie geht's dir mit alldem?
Mit einem Patenkind und einer Frischmutter, die dir um Mitternacht E-Mails schreibt?
Mit all den abgebrochenen Telefonaten, mit all den Babygeschichten?
Und wie geht's dir, wie geht es deinem Leben, was habe ich verpasst?
Oh, erzähl's mir.

Gute Nacht und ein Kuss
O.

16. Februar
Ein paar Dinge, die mir gute Laune machen:

✶ Von ihrem Lachen aufzuwachen. Es ist mir ein Rätsel, wie man um sechs Uhr morgens so gute Laune haben kann (von uns beiden hat sie das sicher nicht, ihr Vater ist grundsätzlich erst ab zwölf Uhr mittags ansprechbar, meine Laune auch erst nach drei Tassen Kaffee sozialverträglich), aber sie wacht fast immer mit einem Lächeln auf, einem Quietschen, einem Gurren.

✶ Seine Papa-Stimme. Wenn er mit ihr spricht, rutscht seine Stimme nach oben und wird ganz weich. Er sagt, ich hätte auch eine Mama-Stimme, ich habe ihm nicht geglaubt, bis er ein Handy-Video von uns gemacht hat, und es stimmt tatsächlich: Ich säusle und piepse mit ihr, ich singe fast, wenn ich mit ihr rede, verrückt.

✶ Der Rückbildungskurs. Wie gut es sich anfühlt, den Morgen mit anderen Müttern und ihren Babys zu verbringen. Ich turne und strecke und dehne mich, aber was hier eigentlich trainiert wird, ist mein Gehirn. (Himmel, ich bin nicht die einzige Frau, die ihren Bauch schwabbelig findet und ihren Po gigantisch. Himmel, ich bin nicht die einzige Frau, deren Kind nicht gerade super schläft. Es ist vielleicht das Schönste an diesem Kurs: Die anderen Mütter sind genauso müde und glücklich und verpeilt und neugierig wie ich, sie freuen sich, über die Suche nach einem Kita-Platz oder nach einem guten Fläschchen zu sprechen oder einfach übers Leben. Späte, aber gründliche Erkenntnis: Das Leben klingelt nicht an der Tür, aber wenn man mal die Tür öffnet, gehen da die tollsten Menschen vorbei, Menschen, denen es ähnlich geht wie einem selbst, auch wenn man das nie für möglich gehalten hätte, Menschen, die Dinge völlig anders machen, anders ticken, und einen anstecken, mit ihren Ideen, ihrer Gelassenheit, ihrer Freude.)

✹ Franzbrötchen. Die Franzbrötchen aus dem Café, das ich neulich bei einem unserer Spaziergänge entdeckt habe. Zu den Dingen, die ich an Hamburg vermisse, gehören auch Franzbrötchen. Duftende, fluffige, nach Marzipan schmeckende Franzbrötchen. Dazu ein Becher heißer Kakao, der einem erst die Finger wärmt und dann das Herz.

✹ Frische Blumen.

✹ Ein Buch wie «*Operating Instructions – A Journal of My Son's First Year*» von Anne Lamott. Ich habe es in der Zwei-Euro-Kiste des Antiquariats entdeckt, auf der ersten Seite steht eine Widmung vom September 1994 «Für Bine & Jogi», die offenbar gerade Eltern geworden sind, unten haben «Janet + Michael» unterschrieben, «Congratulations & Love». Das Kind von Bine & Yogi muss jetzt 17 Jahre alt sein, eine junge Frau, ein junger Mann, hoffentlich glücklich. Das Buch erzählt von Anne Lamotts erstem Jahr mit ihrem Sohn Sam, wie schwierig es oft ist, ein Kind alleine großzuziehen, und von ihrem Leben, bevor sie Mutter wurde. Anne Lamott hat dieses Buch 1993 geschrieben, zwischen ihrem und meinem ersten Jahr mit Kind liegen fast 20 Jahre, und doch sind unsere Gedanken sich oft ähnlich, dieser hier auf Seite 105 zum Beispiel:

> «*Ich bin in meinem ganzen Leben nie so durcheinander gewesen, so launenhaft und wild. Mein Körper wird langsam wieder so, wie er einmal gewesen ist, von meinem Hintern und meinen Oberschenkeln mal abgesehen. Manchmal muss ich*

mich selbst daran erinnern, dass ich eine Feministin bin und mir meine Oberschenkel gleichgültig sein müssten. Als ich sie gestern in der Badewanne musterte, fragte ich mich, ob ich beim diesjährigen Schreiben-wie-Hemingway-Wettbewerb mitmachen sollte, mit einem Text namens ‹Oberschenkel wie weiße Elefanten›. Aber dann denkt etwas in mir: ‹Wen interessiert so ein Scheiß.›»

Und der hier, auf Seite 154:

«*Wenn er in seinem Bettchen schläft, dann machen seine Hände Bewegungen, die so fließend und anmutig sind wie die einer Balletttänzerin. Sie sind wie Vögel.*»

✴ Die Vorstellung, Urlaub zu machen. Das Wissen, dass nach diesem Winter der Frühling kommt und nach dem Frühling der Sommer. Gestern habe ich uns bei «Haustauschferien» angemeldet, einer Website, auf der man seine Wohnung mit Menschen auf der ganzen Welt tauschen kann. «Biete Wohnung in Berlin gegen Wohnung in Paris für den Sommer.» Mal sehen, ob jemand Interesse hat.

✴ Ein Brief im Briefkasten. Ich sollte wieder Briefe schreiben, mit der Hand, ich freue mich selbst so, wenn ich zwischen den Rechnungen und der Werbung einen kleinen Umschlag finde und ich schon an der Schrift erkenne, von wem er ist. Meistens hebe ich ihn mir noch ein, zwei Tage auf, stelle ihn vor meine Schreibtischlampe, bis ich es nicht mehr aushalte.

20. Februar

22:05
Re: Hello again

Liebe Okka,

jetzt ist es schon eine Woche her, seit deine Mail ankam, und ich habe nie die Zeit gefunden, so darauf zu antworten, wie ich möchte. Aber ich habe viel darüber nachgedacht. Was schreibe ich ihr? – Das habe ich überlegt, als ich die Raufasertapete von den Wänden im Schlafzimmer gerissen habe. Als ich zwischen Farbeimern und Pinseln nach einem Platz gesucht habe, meinen Laptop aufzustellen und zu arbeiten. Als ich abends erschöpft auf einer Matratze im Wohnzimmer lag, weil nirgendwo sonst in dieser Wohnung Platz zu schlafen ist. Meine Welt ist gerade auch sehr klein. Wenn sie wieder größer wird, habe ich ein Leben ohne Raufasertapete. Du hast ein Kind. Eine winzige Veränderung und eine riesige.

Ich werde nie vergessen, wie es war, dich zum ersten Mal mit Fanny zu sehen. Ihr wart erst seit ein paar Tagen wieder zu Hause. Dein Mann kam an die Tür. Ich drückte ihm unbeholfen einen Strauß Blumen in die Hand und ging ins Wohnzimmer. Da lagt ihr auf dem großen Sofa, du und Fanny, Fanny und du, zwei Menschen, eine Einheit. Ich habe dich noch nie so erschöpft gesehen. Und noch nie so glücklich. Du hast dein Kind mit einer Wärme angesehen, als würde ein Licht aus dir heraus strahlen. Bis zu diesem Moment hatte ich nicht vollkommen begriffen, dass du nun Mutter bist. Ab diesem Moment konnte ich mir dich nicht mehr ohne Tochter vorstellen.

Ich musste mich an diese Vorstellung nicht erst gewöhnen. Du warst, und bist, so natürlich mit ihr, so sorgsam und liebevoll. Die Freundin einer neuen Mutter zu sein, das ist allerdings noch ungewohnt.

Ich frage mich, ob es dir manchmal so vorkommt, als fehlten mir die Worte, wenn du von Fanny erzählst? Es liegt nicht daran, dass ich dein Mädchen nicht liebe. Als ich Fanny zum ersten Mal im Arm hielt, dieses zerbrechliche Bündel, und sie sofort aus voller Kraft brüllte – sie wollte zurück zu Mama –, da wurde mir bewusst, dass es meine Verantwortung ist, die beste Patentante für sie zu sein, die ich sein kann. Ich bin stolz, dass du mir diese Verantwortung gegeben hast. Und komme mir doch oft irrsinnig hilflos vor.

Ich erinnere mich auch noch an diesen Abend in deiner Küche, obwohl er ein halbes Leben her zu sein scheint. Was habe ich damals zu dir gesagt? Ich weiß es nicht mehr. Es ist wohl auch nicht wichtig. Es kam mehr darauf an, dass ich da war, neben dir. Ich vermisse nicht die Okka, die so oft traurig war. Es macht mich sehr froh, dich glücklich zu sehen. So stark. Nein, ich vermisse es, dieser Mensch für dich sein zu können, der neben dir sitzt.

Bis vor kurzem waren wir uns in vielem so ähnlich. Jetzt gibt es diesen Unterschied zwischen uns. Du bist nicht nur Mutter. Du bist so vieles andere. Aber es ist die größte Aufgabe, die du je angenommen hast. Und ich frage mich, wie ich dir dabei helfen kann. Ob ich es je kann. Ob du meine Hilfe überhaupt brauchst. Frag mich nach Rat, wenn dir ein Auftraggeber blöd kommt – und ich überlege mir eine Strategie mit dir.

Du bist krank – ich bring dir Medizin. Du hast Liebeskummer – ich besauf mich mit dir und rufe so lange «Dreckskerl», bis du selber daran glaubst. Du willst wissen, welche Schuhe du dringend brauchst – ich schick dich in den richtigen Laden. Bei Brei und Windeln und diesem Glucksen, das Fanny macht, wenn sie sich über etwas freut, von dem du mir erzählst – da scheine ich nicht die angemessenen Worte oder die Bewunderung zu finden, die deinen Gefühlen gerecht wird. Ich fühle mich ein wenig fehl am Platz. Ratlos. Überfordert.

Dann wünsche ich mir tatsächlich, dass ich dich einfach anrufen und sagen kann: Komm rüber, wir trinken Bier und stoßen darauf an, dass der letzte Rest Raufasertapete runter ist! Bei aller Freude über dein Glück, bei aller Verknalltheit in deine Tochter, wünsche ich mir manchmal dich zurück – weil es für mich leichter war. Und vielleicht habe ich so lange gebraucht, dir zu antworten, weil das so egoistisch ist, klein und dumm.

Ihr zwei seid eine Einheit, die so eng miteinander verwoben ist, dass mich die Liebe zwischen euch schlicht umhaut. Es kann sein, dass ich diese Liebe nie so spüren werde. Vielleicht werde ich nie ein Kind bekommen. Wer weiß schon, was das Leben bereithält. Aber vielleicht kommt es darauf auch gar nicht an. Denn als ich darüber nachgedacht habe, was ich dir antworte, habe ich auch etwas anderes verstanden. Nur weil ich Angst vor Überforderung habe, ist sie nichts Schlechtes. Und vielleicht ist es sogar das Beste, was ich gerade für dich tun kann, als Freundin ohne Kind: Ratlos zu sein. Weil ich mir vorstellen kann, dass du auch das Gefühl hast, noch nicht alles zu wissen. Trotz der Ungewissheit freue ich mich auf das, was wir zusammen darüber herausfinden, was es bedeutet,

Mutter zu sein. Patentante zu sein. Etwas Neues, das wir zusammen erleben können. Das wird nicht immer leicht. Aber sicher auch nicht so ungemütlich wie damals auf dem kalten Küchenfußboden.

Ich bin da.
Auch wenn ich nicht alle Antworten habe.

Deine
Marlene

23. Februar
Schon komisch. All die Dinge, von denen ich erwartet hatte, dass sie mich umhauen, randvolle Windeln zum Beispiel, beeindrucken mich nicht sonderlich. Ich finde es auch nicht weiter bemerkenswert, mich von meiner Frauenärztin eingehend darüber beraten zu lassen, was ich gegen meine steinharten Brüste tun kann. Nur an eines kann ich mich nicht gewöhnen: ans Milchabpumpen. Ich kann mir nichts Unangenehmeres vorstellen, als Milch abzupumpen. Dieses Ding tut nicht nur höllisch weh (ich finde ja, die Wörter «Ansaugtrichter» und «Brustwarze» sollten nicht in einem Satz vorkommen), ich finde den ganzen Vorgang schrecklich – und bin jedes Mal peinlich berührt, obwohl es nichts gibt, was einem peinlich sein müsste. Der Hersteller meiner Milchpumpe nennt den Moment, in dem die Mutter «das Vakuum erhöht, bis das Pumpen sich leicht unangenehm (jedoch nicht schmerzhaft) anfühlt» übrigens «Maximum Comfort Vacuum». Ich finde, das sagt alles.

4. März
Wenn ich nicht zur Ruhe kommen kann, wenn ich nicht so recht weiß, wohin mit mir und meinen Gefühlen, wenn in meinem Kopf alles durcheinandergeht, dann backe ich. (Ich backe natürlich auch, wenn ich entspannt bin, aber dann backe ich anders, nebenbei, während das Radio oder laut Musik läuft, während er mir erzählt, was er mir gerade erzählen will, dann geht es um das Ergebnis, weniger ums Backen selbst.)

Es gibt nicht viele Dinge, die mich ähnlich verlässlich sortieren wie das Backen: schnelles Herumgehen, das Meer und der Wald, Lesen, wenn ich nicht zu unkonzentriert bin, ein richtig guter Film, Zeichnen, unheimlich schlecht, und eigentlich immer nur Lebensmittel. Vor ein paar Wochen habe ich angefangen, zwei Notizbücher zu führen, eines für meine liebsten Koch- und eines für meine Backrezepte, zu denen ich die Zutaten zeichne, meine Tomaten und Butterpäckchen und Milchtüten sehen aus wie Kinderzeichnungen, machen mich aber unheimlich zufrieden.

Mein Mann kann meine Leidenschaft fürs Backen nicht nachvollziehen, er hat noch nie gerne gebacken, er improvisiert gerne beim Kochen, ergänzt oder kürzt Rezepte oder ignoriert sie gleich ganz und denkt sich selbst etwas aus. Ich mag am Backen gerade das Nicht-Improvisierte, die Genauigkeit, die Präzision, mit der man vorgehen muss. Und ich liebe meine Küchenwerkzeuge: meinen Handmixer, ein uraltes, aber immer noch beeindruckend energisches Gerät. Oder den schweren kleinen Schneebesen, den ich mir vor einer Weile gekauft habe, als ich begann, mich glücklich zu backen – er sieht ein bisschen wie ein Kinder-Schneebesen aus, sein Griff ist kurz, liegt aber genau richtig in meiner Hand, und er ist massiv, viel massiver, als er aussieht.

Dass ich heute backen würde, wusste ich schon beim Aufwachen (schwerer Kopf, schweres Herz, eine nur schwer zu verdauende Nachricht). Als Fanny mittags eingeschlafen ist, gehe ich in die Küche, um die Einkäufe auszupacken, die wir vorhin besorgt haben. Ich backe Schokoladenbrownies mit Kirschen, die Art Kuchen, bei der man nie auf die Idee käme, ihn mit einer Gabel zu essen.

Ich messe alle Zutaten ab. Ich messe immer alles ab und stelle alles bereit, was ich brauchen werde, bevor ich beginne. Ich mag das Rühren nicht durch Messen unterbrechen, ich mag, wenn alles in kleinen Schüsseln vor mir steht. Dann beginne ich. Breche die Schokolade, schneide die Butter, schmelze beides, rühre, rühre weiter, rühre zusammen, gebe am Ende ganz vorsichtig die abgetropften Kirschen zum Teig. Ein paar Kirschen schwimmen wie Bojen auf dem Schokoladenmeer, kurz überlege ich, sofort ein paar Löffel zu essen, aber ich reiße mich zusammen. Während die Brownies backen und es langsam anfängt, nach Kuchen zu duften, mache ich etwas, das ich schon lange nicht mehr gemacht habe: Ich sitze einfach bloß da. Als der Wecker klingelt, sind 25 Minuten vergangen.

Diesen Moment mag ich besonders: Wenn man weiß, dass das Rezept funktioniert hat, wenn man sieht und riecht, was einen gleich erwartet. Ich schneide ihn in große Rechtecke. Das schönste Stück stelle ich auf meinen Lieblingsteller mit dem goldenen Rand, der viel älter aussieht, als er ist. Der Teig ist nicht mehr heiß, aber noch warm, er klebt an meinen Fingern. Ich kann mich nicht erinnern, je so einen Brownie gegessen zu haben: süß, aber nicht zu süß, weich, tröstlich, luxuriös. Beim zweiten Biss erwische ich eine Kirsche und noch eine. Gerade als ich ihn aufgegessen habe, höre ich Fanny.

5. März
Schlaf. Schlaf. Schlaf doch. Schlaf, mein Schätzchen, alles schläft, lass uns mitschlafen. Schlaf. Schlaf. Shhhh, mach die Augen zu. Nein, nicht auf, zu, mein Schatz. Zu, zuu, zuuu. Schlaf. Schlaaf. Schlaaaaf. Schlaf. Schlaf. Schlaf. Schlaf. Schlaf. Schlaf. Schlaf. Schlaf. Shhhhhhhh. Schlaf. *Twinkle, twinkle, litte star, how I wonder what you are.* Nein? *Guten Abend, gute Nacht, mmmhhhhhh, mmm-mmhhhhh.* Schlaf. Shhhhh. *Today is gonna be the day, that they're gonna throw it back to you. By now you should've somehow realized what you gotta doooo. I don't believe that aaaaanybody feels the way I do, about you nowwwww.* Schau: Nicht einmal bei dem Nachbarn, bei dem nachts immer Licht brennt, brennt jetzt noch Licht. Alles ist dunkel. Nein, schau lieber nicht. Mach einfach die Augen zu. Und schlaf. Ach, Fanny.

6. März
1. Manchmal kommt es mir jetzt vor, als wären wir zwei entfernte Bekannte, die zufällig ein Kind miteinander haben. Wir leben in Parallelwelten, zwischen denen es kaum Verbindungstunnel gibt. Jeden Morgen verabschiede ich mich schweren Herzens von meiner Frau und von meinem Kind, und jedes Mal

muss ich mich im Treppenhaus gegen meinen Impuls wehren, wieder umzudrehen, im Büro anzurufen und mich für die nächsten anderthalb, zwei Jahre abzumelden. Aber natürlich kehre ich nicht um. Jemand muss Geld verdienen, und solange sie stillt, bin das ich. Also sitze ich eine S-Bahn-Fahrt später in einem Büro, in dem es acht, neun Stunden und an Freitagen noch länger nur um Dinge geht, die überhaupt nichts mit der unbegreiflichen, wunderbaren Tatsache zu tun haben, dass ich jetzt Vater eines Babys bin. Und nach ungefähr einer halben Stunde habe ich diese Tatsache selbst abgeschüttelt. Es geht ja nicht anders: Ich muss jetzt gegen eine Deadline anschreiben, bis halb sechs habe ich Zeit, ein paar tausend Zeichen über einen Film oder einen Roman in ein Redaktionssystem zu hacken. Das schaffe ich nur, wenn ich meine Sehnsucht ignoriere. Es gelingt mir, jeden Tag, muss ja. Nur in den Rauchpausen auf dem Balkon, mit Kollegen lachend, dem Zigarettenrauch nachsehend, ist sie sofort wieder da: die Sicherheit, dass es falsch ist, wie ich lebe, falsch ist, dass ich von den Kollegen im Büro mehr mitbekomme als von meinem Baby. Dabei liebe ich, was ich mache, immer noch kann ich mir keinen befriedigenderen Beruf vorstellen. Dann komme ich abends nach Hause, und es ist wieder ein Tag gewesen, an dem wir in zwei völlig verschiedenen Welten existiert haben. Das Einzige, das wir tun können, ist, einander zu erzählen, was wir erlebt haben. Aber dafür sind wir sehr oft viel zu müde.

2. Zu den merkwürdigeren Erfahrungen, die man mit einem Baby macht, gehört die Veränderung des Raum-Zeit-Kontinuums, es ist, als würde man durch ein Wurmloch in ein Universum mit anderen physikalischen Gesetzmäßigkeiten geschoben. Der Raum schrumpft, die Zeit dehnt sich aus. Das Leben

findet plötzlich auf sehr kleinem Radius statt. Man geht vom ersten Zimmer ins zweite und wieder zurück, man geht in der Küche im Kreis, ein kleines Mädchen auf dem Arm, und dann geht man ein Zimmer weiter, um es in sein Bettchen zu legen. Fahrten zum Supermarkt, zur Apotheke, in einen Laden, wo es wirklich warme Strampler gibt, sind fast zu Abenteuern geworden, ich merke es daran, dass ich den Supermarkt manchmal anstrengend finde, so viel Lärm, so viel Hektik, dabei ist es ja bloß normaler Betrieb. Vor einem Jahr noch war das Territorium, in dem wir uns bewegten, riesig. Jetzt kommt es mir schon wie eine Fernreise vor, wenn ich einmal woanders bin als zu Hause, im Büro oder in den S-Bahnen dazwischen. Doch während der Raum in den letzten paar Monaten immer kleiner geworden ist, hat sich die Zeit zu dehnen begonnen: Alles geht ganz langsam. Im Fannyrhythmus. Wie lange sie beim Stillen damit beschäftigt ist, ein paar winzige Schlucke in ihren winzigen Körper zu bekommen. Wie lange sie mit ihren Knistertieren und Rasseln beschäftigt ist. Wie lange sie braucht, vom Wachsein in den Schlaf zu kommen, wie viel Zeit zwischen offenen und geschlossenen Augen liegen kann. Und weil ich ja gar nicht anders kann, als mich ihrem Tempo anzupassen, bin ich es dann auch selbst: ein großer erwachsener Mann, der sich in Zeitlupe durch eine sehr kleine Welt bewegt. Früher habe ich oft gelächelt, wenn ich auf den Straßen Väter mit ihren Babys gesehen habe – wie schlafwandlerisch sie wirkten. Jetzt gehöre ich zu ihnen. Es ist schön. Man macht neue Erfahrungen in diesem Zustand, man lernt etwas kennen, was ich für mich «Mikroliebe» nenne – die Fähigkeit, kleinste Veränderungen nicht nur wahrzunehmen, sondern auch über sie begeistert zu sein (ihr Lachen von heute verglichen mit dem Lachen von gestern und Ähnliches). Aber gleichzeitig macht einen diese Erfahrung auch ein wenig sonderlich. Die meisten anderen Erwachsenen, die ich kenne, sind ja so geblieben, wie ich noch vor einem Jahr war: schnell, sprunghaft, dauernd unterwegs. Manchmal wünsche ich mir, ich hätte das Talent, ihnen begreiflich zu machen, wie aufregend es ist, was ich gerade erlebe.

3. Oft jetzt: ein Erstaunen darüber, was da alles in mir geschlummert hat und erst durch das Baby aufgeweckt wurde. Zum Beispiel hatte ich nicht die geringste Ahnung, zu wie viel körperlicher Nähe ich fähig bin. Die Vorstellung, dass eine Frau AUF mir schläft, ständig bei mir ist, ein paar Mal am Tag bitter weint und mich dabei ansabbert, ist einigermaßen beklemmend. Bei Fanny fällt mir das alles nicht nur überhaupt nicht schwer, es macht mich auch auf eine nicht gekannte Weise glücklich. Wo kommt das her? Warum taucht das erst auf, sobald man ein Baby hat? Warum verliert man das wieder?

4. Es ist so viel leichter, einem Baby ein guter Vater zu sein, als wir Männer oft glauben – vielleicht, weil wir es glauben wollen, vielleicht, weil es uns eingeredet wird, vielleicht, weil wir es uns nicht zutrauen, vielleicht, weil es uns nicht zugetraut wird. Ein kleines Kind braucht nicht viel. Man füttert es. Man wickelt es. Man tröstet es, wenn es weint. Man nimmt es auf den Arm und geht mit ihm spazieren. Für all das braucht man kein Grundstudium Pädagogik. Das Kind lässt einen schon wissen, ob man das Richtige tut (es wird ruhig) oder etwas falsch macht (es weint weiter). Im Grunde sind Babys perfekte Kommunikationspartner für Männer, weil sie so viel weniger subtil und so viel direkter sind als ihre Mamas. Aber natürlich weiß ich auch, dass das nicht so bleiben wird: Irgendwann wird eine sehr komplizierte Psychologie in diesem kleinen Kind wachsen, weil jeder Mensch

eine sehr komplizierte Psychologie hat. Dann wird es sich zeigen, ob ich wirklich ein guter Vater bin. Manchmal habe ich Angst davor.

5. Da war es wieder, dieses seltsame Befremden, das mich jetzt immer wieder überkommt, wenn ich für etwas Lob und Respekt bekomme, das mir ganz normal vorkommt. Ich war mit Fanny spazieren, eine Frau ging eine Weile neben uns, irgendwann blieb sie stehen und sagte: «Sie machen das aber toll mit dem Baby.» Natürlich freut es mich, wenn eine Frau toll findet, was ich mache, denn natürlich bin auch ich jemand, der sich über Komplimente freut. Aber je öfter ich solche Erlebnisse habe, desto befremdlicher kommt es mir vor, wie viel Bewunderung und Begeisterung Männer bekommen, wenn sie nichts anderes tun als Frauen seit immer und ewig: Mit ihrem kleinen Baby unterwegs zu sein und sich anmerken zu lassen, dass es ihnen gefällt. Es ist mein Mädchen, ich habe es mir gewünscht, ich bin gerne mit ihm zusammen – und bekomme im Gegensatz zu ihr fortwährend Lob dafür. Dabei mache ich bloß meinen Job.

6. Und dann habe ich sie in meinem Arm und sie ihr Ohr an meiner Brust, ein winziges Mädchen und ein Riese, der auf sie achtgibt, und ich gehe durch die Wohnung und höre ihrem Schluckauf zu und erzähle ihr Geschichten, die sie noch nicht versteht, über ihre Mama, über den Mond und die Sterne, und manchmal lege ich beim Herumgehen ein paar Zwischenschritte ein, damit sich das nicht wie Herumgehen, sondern wie Tänzeln anfühlt, oder ich mich für sie wie ein Kamel, obwohl sie natürlich noch nicht weiß, was ein Kamel ist und wie es sich anfühlt, von einem Kamel transportiert zu werden. Ich bin dein

Kamel, sage ich ihr, während sie schluckauft, ich trage dich ans andere Ende der Wüste, du kannst schlafen auf mir, ich verlaufe mich nicht, und dann ist ihr Schluckauf wieder verschwunden, und ihr Atem wird gleichmäßiger, und wahrscheinlich schläft sie jetzt schon, aber ich gehe noch ein wenig herum mit ihr auf meinem Arm und sie mit ihrem Ohr an meiner Brust, wo mein Kamelherz schlägt.

10. März

16 Wochen. Diese Woche geht es Fanny nicht sonderlich gut. Ich hatte gehofft, sie nicht mit meiner Erkältung anzustecken, aber das hat natürlich nicht funktioniert. Nun hat sie eine dicke Nase und bekommt schlecht Luft. Wie man bei alldem trotzdem noch so gute Laune haben kann, ist mir ein Rätsel, aber sie lächelt den halben Tag. Den Rest der Zeit probiert sie ihre Stimme aus, gluckst, kräht, gurrt. «Ahhhhh, bah, aaaaaaah. Aaaaah, baaaaaah, BAH!» Es ist verrückt, wie schnell sie wächst und sich verändert. Vor zwei, drei Wochen konnte sie kaum richtig greifen, jetzt spielt sie manchmal für eine Viertelstunde völlig versunken mit ihrem Elefanten, untersucht ihn von allen Seiten, ein Fuß, noch ein Fuß, ein Ohr, noch ein Ohr, zieht an seinem Rüssel und kann sich gar nicht einkriegen, wenn er dann knistert. Oder sie schaut sich ihre Hand an und stopft dann ihre Finger in den Mund – als wären es nicht ihre eigenen, sondern eine sagenhafte, fremde Köstlichkeit.

Manchmal möchte ich in solchen Momenten vor Langeweile durchdrehen. Ein Fuß, noch ein Fuß, ein Ohr, noch ein Ohr, ein Rüssel, ja, Wahnsinn! Dann sehe ich ihr zu, wie sie sich über ihre Hände freut, sich freut, dass ihre Finger in ihrem Mund landen, wie aufgeregt sie ist, wenn sie nach Dingen greift und die Dinge dann tatsächlich in ihrer Hand landen – Selbstverständlichkeiten, die wir so vollautomatisch tun, dass wir es gar nicht mehr bemerken. Ihr Körper ist noch kein Körper auf Autopilot, er übt noch, probiert, scheitert, versucht es wieder, findet etwas heraus, freut sich. Ihr Körper ist noch ganz unmittelbar: Etwas sehen, etwas wollen, etwas greifen, etwas in der Hand halten, Freude! Etwas sehen, etwas wollen, etwas greifen, etwas nicht kriegen, Empörung! Etwas knistern hören, Aufregung! Geschmust werden, Entspannung! Müde sein, aber nicht einschlafen können, Schreien!

Noch so ein kleines Wunder für sie: riechen. Manchmal zeige ich ihr beim Kochen frische Kräuter, ein Bund Basilikum, ein Bund Thymian, Minze, sie lacht, weil das Grünzeug ihr an der Nase kitzelt, dann schnuppert sie und lacht noch mehr. Es muss schön sein, zum ersten Mal einen Geruch zu riechen (Basilikum und Thymian sind zwei meiner Lieblingsgerüche – der beste Geruch, den ich mir gerade vorstellen kann, ist allerdings ihr Kopf, unvorstellbar schöner Babykopfgeruch). Was sie noch mag: Mit Papa reden. Das können die beiden stundenlang. «Wie geht's dir, mein Fännchen?», fragt er zum Beispiel, und sie antwortet ihm mit großer Ernsthaftigkeit: «Ahhhhhhh, bah, ihhhhhhhhhh.» «Wirklich?», fragt er dann. «Bah!», sagt sie, «bahhhhhhhhhhhh!»

15. März
Mich heute dabei erwischt, wie ich neidisch auf ihn war. Neidisch, dass er ins Büro gehen, an seinem Computer sitzen, schreiben, denken, arbeiten, Geld verdienen, in der Kantine mit den Kollegen etwas essen oder doch lieber rausgehen kann, auf eine Schüssel Nudeln, bei dem Wetter. Neidisch, dass er Kaffee trinken kann, richtigen Kaffee mit Koffein. Neidisch, dass er seinen Tag damit beginnen kann, morgens mit einer Zigarette auf dem Balkon zu sitzen, es ist nicht das Rauchen, das mir fehlt, sondern die Ruhe, mit der er alles tun kann – auf dem Balkon sitzen, der Straße beim Aufwachen zusehen, einen Kaffee trinken, ungestört duschen, arbeiten.

Solche Neidanfälle dauern nie lange. Meistens nur, bis Fanny das erste Mal lacht. Oder strampelt. Ich kann mich an dieses allererste Lachen des Tages und an ihr Morgenstrampeln nie gewöhnen, an diesen Tanz im Liegen, als würde sie den Schlaf aus ihrem Körper schütteln. Es gibt viele solcher Momente. Aber manchmal sehne ich mich danach, wieder einen Tag für mich zu haben, nicht schon um sieben Uhr aufstehen zu müssen, obwohl sie zuletzt um fünf wach war, um mir eine ungestörte Viertelstunde im Bad zu organisieren, nicht bei jeder Verabredung oder jedem kleinen Ausflug ohne sie darüber nachzudenken, ob mir gleich die Brüste platzen oder ob sie auch trinkt, wenn sie von ihrem Papa die Flasche bekommt, oder sich vielleicht ganz schrecklich verlassen von mir fühlt. Mal vor die Haustür zu gehen, ohne darüber nachzudenken, ob ich Windeln, ein Spucktuch, das Regenverdeck, eine Kuscheldecke, eine Mütze, einen Notfallbody, Feuchttücher und ihren Knisterelefanten eingepackt habe. Mal wieder meinen Körper für mich zu haben. Mal nicht um Mitternacht neben ihr einzuschlafen, wenn sie sich endlich ihrer Müdigkeit ergeben hat. «Genieße die Zeit, solange du noch schwanger bist, schlaf dich aus, setz dich ins Café, geh in die Stadt, geh ins Kino», hatte eine Freundin vor ein paar Monaten zu mir gesagt. «Sobald du ein Kind hast, ist alles anders.» So dramatisch wird es schon nicht sein, habe ich mir damals gedacht. So dramatisch ist es auch nicht. Nur anders, sehr anders.

26. März
18 Wochen. Wäre die letzte Woche ein Geräusch, dann wäre es ein Ächzen. Ein Stöhnen. Ein Pfeifen aus dem letzten Loch. Wie hart es ist, mit einem Baby krank zu sein. Schon wieder krank zu sein, dieses Mal gleich wir beide. Natürlich hat er sich bei mir angesteckt, oder ich mich bei ihm, innerhalb eines halben Tages konnten wir nicht mehr aufstehen vor Fieber und vor Gliederschmerzen. Krank zu sein, aber nicht krank sein zu können, weil da ein kleiner Mensch ist, der Hunger hat und unterhalten werden will, gehört nicht unbedingt zu den Höhepunkten des Elternseins.

Fanny hat von alldem zum Glück nicht viel mitbekommen. Sie lag zwischen uns und hatte den Spaß ihres Lebens. Während wir vor uns hinstöhnten, hat sie herausgefunden, wie man sich dreht. Vom Bauch auf den Rücken und mit ein bisschen Anstupsen auch wieder zurück. Ihre Füße hat sie auch entdeckt. Und dass es noch viel mehr Laute gibt als «Ah» und «Oh», «Brrrrhgaaahhihhhhhh» zum Beispiel. Es ist so herrlich. Es ist so anstrengend. Wie kriegen das Eltern von zwei, drei, vier Kindern hin? Wie machen das Alleinerziehende? Ich hätte gerne ihre Superkräfte.

2. April
Eigentlich mag ich meine Geburtstage nicht. Mit meinen Geburtstagen ist es wie mit Silvester: Ich ziehe Bilanz, meistens fällt mir ziemlich viel ein, das nicht so toll gelaufen ist oder deutlich besser hätte laufen sollen, all die Pläne, die ein Plan geblieben sind, hätte ich nur, wollte ich nicht? Aber etwas ist anders in diesem Jahr. Die Liebe für dieses kleine Mädchen, mit dem ich Tag und Nacht verbringe, und das mir so großes Glück beschert. Die Liebe für diesen Mann, der mit mir lebt und mich liebt und mich das wissen und fühlen lässt, obwohl ich so oft durchhänge. Die Liebe für meine kleine Familie, für den Plural, der ich nun bin. Die Liebe zu meinen Freunden, die nicht mit den Augen rollen, wenn ich zum hundersten Mal erzähle, wie alle ich bin, bei denen ich ratlos sein und mit denen ich über all die Dinge lachen kann, über die ich sonst wohl heulen würde. Die Liebe zu meiner Familie, die mich nie daran zweifeln lässt, dass sie da ist.

6. April
Noch so ein Geschenk: dieser Abend. Ein Tisch voller Freunde, ein großer Topf Risotto, ein paar Flaschen Wein und eine Flasche Wodka (hätte gerne mitgetrunken). Als

ich Fanny irgendwann ins Bett gebracht habe, klangen aus der Küche die Stimmen zu uns herüber. Irgendwer konnte nicht mehr aufhören zu lachen, irgendwer sagte: «Das hat er NICHT gesagt!», dann verschwammen die Stimmen wieder ineinander. So ungefähr sollte das Leben sein, dachte ich.

17. April
Ich erinnere mich noch gut an meine Angst, bevor Fanny auf die Welt kam. Die Angst, dass nun der Ernst des Lebens begänne und mein Leben als Mutter zugleich das Ende meines bisherigen Lebens sein würde. Natürlich ist es genau so gekommen. Ich bin nicht mehr sonderlich flexibel, den Rhythmus der Tage gibt Fanny vor. Ich bin in den letzten fünf Monaten auch nicht sonderlich viel vor die Tür gekommen. Manchmal finde ich das Leben mit Baby stinklangweilig. Die immer gleichen Wege, die ich gehe, wenn sie nicht einschlafen kann, die immer gleichen Dinge, die wir tun, wenn sie wach ist.

Ich weiß, dass es vermutlich nicht einfacher werden wird, «kleine Kinder, kleine Probleme, große Kinder, große Probleme» hat mir neulich ein Bekannter geschrieben. Ich weiß auch, dass wir noch viel zusammen durchmachen werden, dass sie mich blöd und spießig und gemein finden wird, dass sie Liebeskummer haben wird und dass ich diesen Kerl oder dieses Mädchen nicht einmal werde anbrüllen dürfen, wie ich sie irgendwann auch nicht mehr öffentlich werde küssen dürfen, dass sie traurig und verletzt sein wird, weil irgendein Idiot gemein zu ihr war, dass sie mich irgendwann fragen wird, ob ich sie hübsch finde oder nicht, guck doch mal und sag ganz ehrlich.

Seltsamerweise glaube ich, dass wir das alles schon schaffen werden. Wie wir es auch jetzt schaffen. Obwohl *schaffen* ein ganz falsches Wort ist, es klingt, als wäre das alles vor allem anstrengend. Ich bin aber gerade sehr glücklich, auf eine unspektakuläre, aber sehr fundamentale Weise. Manchmal erschreckt mich dieses Glück, ich denke dann immer, dass ich irgendetwas übersehe, dass ich doch nicht wirklich so zufrieden sein kann, nach all den Jahren, nach all den Bauchlandungen. Aber vielleicht ist das ja manchmal so mit dem Ernst des Lebens, und noch während man vor ihm in Deckung gehen möchte, ist er auch schon da und macht einen glücklich.

22. April

Das Kind guckt wie ein Restaurantkritiker, dem man Fischstäbchen vorgesetzt hat. Die Augenbrauen hochgekräuselt, der Mund eine Schnute, der Ausdruck irgendwo zwischen Das-meinst-du-jetzt-nicht-wirklich-ernst und tiefer Empörung. Ich kenne diesen Blick. Es ist ihr Davor-Blick. In ungefähr drei Sekunden wird sie losbrüllen, ein Brüllen, von dem man nie dächte, dass ein kleines Mädchen es produzieren kann.

Und da holt sie auch schon Luft.

WÄÄHHHHHHHHHHHHHHHHHHHHHHHHH-H!!!!!!!!!!!!!!!!!!

Ich habe keine Ahnung, was sie gerade will. Ich habe den leisen Verdacht, dass sie auch nicht so recht weiß, was sie gerade will. Dafür weiß sie sehr genau, was sie nicht will. Sie will nicht: schmusen, liegen, auf dem Arm herumgetragen werden, auf dem Schoß sitzen, trinken, schlafen, mit dem Elefanten spielen, mit dem Teddy spielen, überhaupt spielen, baden, aus der Badewanne gehoben werden, angezogen werden, bauchgepustet werden, tanzen, fußgekitzelt werden, in Ruhe gelassen werden, im Kinderwagen herumgefahren werden, in der Babytrage herumgetragen werden, in der Wippe liegen, auf dem Sofa liegen, in ihrem Bett liegen, gewickelt werden, Musik hören, ihre Hände essen, dem Knisterelefanten in die Nase beißen, «Hoppe, hoppe, Reiter spielen» und in den Graben fallen. Sie will nicht einmal in meine Nase beißen (sonst immer ein verlässlicher Brüller).

In «Oje, ich wachse», dem einen Buch, das uns nicht nur die Hebamme empfohlen hat, sondern auch sämtliche Mütter, die ich kenne, gibt es für Tage wie diese eine schwarze Wolke mit Blitz: *«Ihr Baby kann nun zum ersten Mal allerlei Arten von ‹Zusammenhängen› erkennen und herstellen. Alles in der Welt ist durch ‹Zusammenhänge› verknüpft. Das eine hat immer etwas mit dem anderen zu tun. Etwas, das das Baby sieht, kann etwas zu tun haben mit etwas anderem, das es ebenfalls sieht, aber es kann auch zu tun haben mit etwas, das es hört, fühlt, schmeckt oder riecht»*, steht da (und ich bin beim Lesen ungefähr so verwirrt wie Fanny gerade). *«Zum Baby dringt jetzt durch, dass sich Menschen und Dinge immer in einem bestimmten räumlichen Abstand zueinander befinden»*, steht da weiter (aha). *«Manchmal bekümmern und verunsichern diese neuen Fähigkeiten auch»* (ach so).

Gestern Abend habe ich mir das ganze Kapitel «Freud'

und Leid um die 26. Woche» durchgelesen. Hängengeblieben bin ich vor allem an der Zeitangabe für diesen Sprung: «*Diese schwierige Phase dauert bei den meisten Babys vier Wochen (...).*» VIER WOCHEN. Dann denke ich an die eine große Gewissheit im Leben mit einem Baby, den einen Satz, den auch meine Schwester immer und immer wiederholt hat: alles nur eine Phase. Alles nur eine Phase. Alles nur eine Phase. Doch, wirklich.

26. April

Eben lag er mit Fanny auf dem Sofa und hörte völlig versunken Wire. Ich gehe rein und sage: «Liebling, findest du wirklich, sie sollte vorm Einschlafen unbedingt Punk-Rock hören, sie soll jetzt eigentlich zur Ruhe kommen», und er sagte: «Aber guck doch mal», und Fanny liegt da, und quiekt vor Freude und strampelt wild, und ich gehe zurück in die Küche, um noch die Wäsche wegzulegen, die Spülmaschine auszuräumen und das Chaos im Rest der Wohnung zu beseitigen. Im Bett lese ich mal wieder Anna Quindlen und seufze:

> «*Mein größter Fehler war jener, den die meisten machen, während sie leben. Ich lebte nicht genug im Moment. Das ist mir jetzt ganz besonders bewusst, da die Momente nur noch auf den Fotos existieren, die es von ihnen gibt. Es gibt dieses eine Bild, auf dem sie an einem Sommertag zu dritt im Schatten einer Schaukel auf einer Decke sitzen, sie sind sechs, vier und eins. Und ich wünschte, ich könnte mich daran erinnern, was wir gegessen und worüber wir gesprochen und wie sie dabei geklungen haben und wie sie aussahen, als sie nach jenem Tag*

eingeschlafen waren. Ich wünschte, ich wäre nicht immer so in Eile gewesen, den nächsten Punkt zu erledigen: Abendessen, Baden, Vorlesen, Bett. Ich wünschte, ich hätte damals das Tun ein bisschen mehr und das Erledigthaben ein bisschen weniger geschätzt.»

3. Mai

Eine Pizza, die Käsefäden zieht. Eine Portion Tiramisu, die schon im Kühlschrank auf mich wartet, und «State of Play» im DVD-Player. Gut.

10. Mai

Ich weiß noch, wie wir ein paar Tage vor der Geburt im Kino waren, um «Somewhere», den neuen Film von Sofia Coppola, zu sehen. Wir hielten Händchen und teilten uns eine große Tüte Popcorn und waren glücklich und so feierlich, wie man feierlich ist, wenn man weiß, dass man etwas zum letzten Mal macht, wenigstens für eine Weile. Nach dem Film betranken wir uns mit Orangenlimonade, es fühlte sich ein bisschen wie das Ende der großen Sommerferien an. Oder vielleicht: wie meine Abitur-Feier. Endlich war es so weit, das Leben lag vor uns, und wir waren bereit. In die Vorfreude mischten sich aber auch Abschiedsschmerz und ziemlicher Respekt. Alle wussten: Wie jetzt wird es nie wieder sein, nun beginnt ein neues Kapitel. Wir versprachen, einander nicht zu vergessen, und wussten doch schon, wie schwer dieses Versprechen zu halten sein würde – das Leben würde uns dazwischenkommen, das sollte es ja auch.

Ungefähr so fühlte es sich an diesem Abend auch an. Wir sprachen noch ein bisschen über den Film, den wir beide sehr mochten, dann stießen wir darauf an, dass wir uns nicht vergessen würden, stießen darauf an, dass wir auch mit Kind noch ein Leben haben würden und Dates und superheißen Sex.

Und heute? Sind wir immer noch wir, ein müdes, manchmal ziemlich streitlustiges Wir, aber ein inniges Wir. Die erste Zeit mit Baby ist unglaublich schön – aber auch eine Bewährungsprobe fürs Paarsein, mehr, als ich mir das vorgestellt hatte.

Manchmal hat es in den letzten Wochen ganz schön gekracht. Wenn er nach Hause kommt, hat er einen langen Tag hinter sich und keine Lust mehr auf irgendetwas. Manchmal möchte ich aber einen verdammten Orden für das, was ich mache, oder auch einfach: in Ruhe über alles sprechen, meinen Tag erzählen, vom Kind erzählen, mit einem Erwachsenen reden. Oft genug sagt er einfach: nichts. Ich sage dann: ziemlich viel, auch ziemlich viel Vorwurfsvolles. «Wenn du mir mal eine halbe Stunde geben würdest», sagt er dann. Oder: «Ich hätte schon noch was gesagt, wenn du mich erstmal ankommen lässt.» Dann verzieht er sich auf den Balkon, um zu rauchen (manchmal habe ich den Verdacht, dass er nur raucht, um seine Ruhe zu haben). «Danke für das Interesse», sage ich dann und werde grundsätzlich. Ich sage, dass ich auch gerne mal eine Runde Anerkennung bekäme für all das, was ich gerade mache. Ich sage, dass ich auch gerne Mal Luft holen würde zwischendurch, mal fünf Minuten Pause hätte, die Tage kommen mir gerade so pausenlos vor.

«Nur *FÜNF MINUTEN*», sagt er dann, und ich weiß nicht, was mich mehr erschreckt: dass er überhaupt keine Ahnung hat, was ich meine, dass er nicht versteht, wie anstrengend ein ganz normaler Tag sein kann – oder dass ich diesen Satz so endlos oft wiederhole, selbst wenn das Kind gerade friedlich im Bett liegt und die einzige Person, die mich an meinen berühmten fünf Minuten hindert, nur ich selbst bin.

In solchen Momenten habe ich Angst um uns. Dann liegen Welten zwischen uns, dann fangen wir an, darüber zu streiten, wer mehr Schlaf bekommt (die Karte, die ich immer ziehe, wenn nichts mehr geht: sein Durchschlafen-Dürfen). Manchmal kommt mir mein Leben so schrecklich überschaubar vor, dass ich einen Gegenbeweis brauche. Manchmal versteht er nicht einmal, was ich damit meine, dann sagt er mir, wie gerne er mit mir tauschen würde, wie gerne er zu Hause bleiben würde. Mich kränkt dieser Satz. Für mich hört er sich an, als hielte er mein Leben für leicht und entspannt, verglichen mit seinem. Das ist unser müdes Wir.

Aber da ist auch noch ein anderes Wir, eines, das ich vorher noch nicht kannte, ein sehr inniges Wir. So nah wie jetzt war ich ihm noch nie, und ich möchte auch nicht gegen früher tauschen. Zu wissen, dass all das mit ihm geht. Zu wissen, dass wir das schaffen, während wir so geschafft sind. Zu wissen, dass wir in all dem Dauerorganisieren und Machen und Tun immer noch den anderen sehen. Zu wissen, dass er mich manchmal in Ruhe lässt, nichts von mir will, weil er weiß, wie sehr ich mich gerade danach sehne, dass mal niemand etwas von mir will. Zu wissen, dass mir kein besserer Papa für mein Mädchen einfällt. Zu wissen, wie es sich anfühlt, wenn wir zu dritt auf dem Sofa liegen, ineinander verknotet. Zu wissen, dass wir in zwei Wochen ausgehen werden, ein Date, nur wir beide, und aufgeregter darüber zu sein als vor unserem ersten Date. Zu wissen, dass ich ihn nicht zum Aushalten finden kann, bis ich ihn wieder zum Aushalten finde (und umgekehrt), und dass dieses ganze Gereiztheitsgezoffe etwas mit unserem Allesein zu tun hat und nicht mit unserem Paarsein. Zu wissen, dass ich all das mit niemand anderem auf der Welt teilen und erleben möchte als mit ihm, mit niemand anderem so gerne müde bin wie mit ihm.

11. Mai

Knapp eine Woche, bevor sie sechs Monate alt wird, haben wir ihr zum ersten Mal Brei gegeben. Ganz vorsichtig und zaghaft, «guck mal, Fännchen, das ist Karottenbrei, koste doch mal, nur ein halbes Löffelchen.» Das Kind ist deutlich weniger zaghaft. Grabscht sich mit seinen kleinen Händen blitzschnell den Löffel und schiebt sich gleich alles rein. Lutscht. Zieht die Augenbraue hoch. Lutscht weiter. Schluckt. Lacht. Täuscht links an, geht rechts vorbei und nimmt sich gleich eine ganze Handvoll Möhrenbrei aus der Schüssel. Rein damit. Und noch eine.

Was für eine Woche. Nachdem sie drei Tage fiebrig war und fast nur geschlafen hat, wacht sie morgens auf und ist plötzlich ein anderes Baby. Rollt sich vom Rücken auf den Bauch. Und vom Bauch auf den Rücken. Versucht, sich aufzusetzen. Kriecht von links nach rechts und von rechts nach links. Sitzt für eine Weile ganz alleine. Streckt die Arme nach uns aus. Lacht, wenn man ganz tief und brummig und dann ganz hoch und piepsig ihren Namen sagt.

17. Mai
Ein halbes Jahr. Was ich mochte:

Die Nacht im Krankenhaus nach der Geburt. Sie auf seinem Bauch. Sie auf meinem Bauch. Kochen. Die Hebamme. Stillen, nachdem ich einmal wusste, wie das geht. Ihre Hand zu halten. Den Hintern hochzukriegen. Nagellack. Ihr beim Schlafen zuzusehen. Ihre Füße (eine Mini-Version seiner Füße). Dass sie haargenau die gleiche Stirnfalte hat wie ich, wenn ihr etwas nicht passt. Dass ihr etwas nicht passt. Ihren Geruch. Musik mit ihr zu hören. Ihn als Vater zu sehen. Erdbeerschokolade aus dem Kühlschrank. Ihr Glucksen, wenn ich ihr Lieder vorsinge. Nichts zu verpassen. Die Innigkeit. Alkoholfreies Weizenbier. Die erste und die zweite CD von Phoenix. Zu dritt zu sein. Cheeseburger. Die Fernsehserie «West Wing». Überhaupt: Fernsehserien. Ihre Augen. Sie zu baden. Eine Wohnung für den Sommer in Paris zu suchen. Ihr Rumkrakeelen, wenn sie müde oder aufgeregt ist. Ihre 100 Kosenamen, Fännchen, Fän Fän, Rollmops. Weihnachten zu dritt. Ihre Großeltern. Sie in der Babytrage, an meinem Bauch, unter der Winterjacke. Mir zum neuen Jahr nichts weiter zu wünschen, als dass alles so bleibt, wie es ist. Nachteisessen. Die Strickjacke von ihrer Tante. Überhaupt:

ihre Tanten und Patentanten. Ausgestreckte Arme. Den Nachbarn ein paar Häuser weiter, bei dem nachts manchmal auch noch Licht brannte. The Smiths. Zimtschnecken. Lange, schnelle Spaziergänge. Lange, langsame Spaziergänge. Überall stehen zu bleiben, um ihr irgendetwas zu zeigen, einen Vogel auf einem Dach, den blauen Himmel, eine Katze hinter einem Fenster, einen Kondensstreifen am Himmel. Auf dem Balkon Tomaten zu ziehen und Kräuter. In einem Bett zu schlafen. Ringelstrampler. Zu backen. Ihre Mütze mit den Sternen. Unseren Kinderwagen. Das vierte und fünfte Beethoven-Klavierkonzert. Sentimental zu sein. Radio zu hören. Ihre Neugier. Drüberzustehen. Abzuhauen, mal alleine zu sein. Und sie schon nach fünf Minuten zu vermissen. Die Zeit ab Mitternacht, wenn sie schläft. Entspannter zu sein, als ich dachte. Marvin Gaye. «Weißt du noch?» zu sagen. Und «meine Tochter». Von ihrem Lachen aufzuwachen. Ihre Liegetänze. Seinen Stolz. Und seine Blicke. Macarons. Mutter zu sein. Sie. Ihn. Uns.

24. Mai
Noch etwas lernt man, wenn man ein Kind bekommt: Pläne werden selten so umgesetzt, wie man sie sich ausgedacht hat. Tage sind selten so, wie man sie sich vorgenommen hat.

Morgen wollten wir zum ersten Mal seit Monaten wieder ganz offiziell ausgehen, nur wir beide und gutes Essen mit Aufbrezeln und Händchenhalten. Dann sagt die Babysitterin ab, weil ihr Flug vorverlegt wurde. Und das Kind bekommt seinen ersten Zahn und schläft nicht und ist ein Punk und untröstlich, sobald es nur eine Minute nicht auf dem Arm ist. Und ich müsste hunderttausend Dinge erledigen und zoffe mich aus dem Nichts mit einer Freundin am Telefon und verstehe die Welt nicht mehr, weil sie stinksauer auf mich ist, dass ich vor ein paar Tagen nicht ins Taxi gesprungen bin, um ihr in einer stressigen Situation zu helfen, weil sie nicht versteht, dass das Leben mit Kind nicht mehr so wie früher ist, dass ich nur spontan sein kann, wenn ich mein Spontansein sorgfältig plane (absurd eigentlich), und weil ich dann auch sauer bin, dass sie sauer ist und all das einfach nicht versteht, obwohl sie so toll und schlau und super ist, sauer bin, weil ich mich für mein Leben nicht begründen will (weder mit noch ohne Kind), weil das alles so unnötig ist und weil es mir nicht gelingt, das ruhig zu erklären, die richtigen Worte zu finden. Und sie knallt den Hörer auf, «du gehst echt gar nicht». Als das Kind endlich eingeschlafen ist, weiß ich nicht, wohin mit mir.

Ich überlege, laut Musik anzumachen, obwohl dann garantiert wieder der Nachbar klingelt, um sich zu beschweren.

Ich überlege, einen von meinen Filmen zu gucken, die natürlich nicht *meine* sind, sich aber immer so anfühlen, als hätte sie jemand nur für mich gemacht, weil sie etwas treffen, von dem ich manchmal selbst nicht so genau wusste, dass es da ist, eine Traurigkeit, eine Melancholie, eine Albernheit, einen Schmerz, ein Glück. Ich habe eine Mappe nur für diese Filme, eine Mappe wie eine Schatzkiste.

Aber ich schaue keinen Film und lese auch kein Buch und höre auch nicht meine «Muffig und Mittelfinger»-

Playliste. Ich lege mich ins Bett und gucke ins Dunkel. Bei Blödsinnstagen dieser Art besteht der Trick natürlich darin, die Relationen wieder herzustellen. Was eigentlich gar nicht so schwer sein sollte, wenn man sich klarmacht, dass man sich an diesen ganzen Mist, der einen gerade zur Weißglut treibt, in einem, spätestens zwei Jahren kaum noch wird erinnern können. Dass dieser ganze Mist nur sandkorngroß ist im Verhältnis zu den Problemen, die andere Menschen haben. (Und uneigentlich dann doch ziemlich schwer, wenn man so gut wie ich darin ist, sich einzuärgern und über ein missratenes Telefonat zehnmal so lange zu ärgern, wie es gedauert hat – so viel zum Thema Relationen.)

Was meistens hilft: Zu sagen, wie blöd ich finde, was eben passiert ist, über das zu reden, was passiert ist, die Dinge anzusprechen, statt sie wegzuschweigen, sie zu klären. (Je nachdem, wie ungerecht ich mich behandelt fühle, eine leichte bis mittelschwere Aufgabe.) Eine Nacht drüber zu schlafen (ich bin noch nie mit der gleichen Wut wie am Abend zuvor aufgewacht). Etwas zu finden, auf das ich mich freuen kann. Ein Tag ist nur halb so katastrophal, eine Woche nur halb so dumm gelaufen, wenn es etwas Schönes gab und geben wird, ein bei lautem Soul gebackener Schokoladenkuchen, zum Beispiel. Oder ein Einkauf auf dem Markt. (Ich werde in der Gegenwart von einem Berg lila glänzender Auberginen oder rot leuchtender Erdbeeren immer erstaunlich friedlich.) Der Plan, in die Videothek zu gehen, zwei Filme zu holen und einen Becher Porno-Eis. Oder auch nur: So lange an die frische Luft zu gehen und einen Fuß vor den anderen zu setzen, bis die Schritte ihren Rhythmus finden und ich wieder festen Boden unter den Füßen. Und der beste aller Tricks: Das schlafende Kind anzusehen.

25. Mai
28 Wochen. All die ersten Male. Wir haben den Kinderwagen in einen Buggy umgebaut und die Babyschale in den Keller gebracht. So stolz ich bin, dass sie schon so groß ist, so sentimental macht es mich auch. War sie nicht eben noch ein winziger Säugling, zu klein für die allerkleinsten Strampler? Und jetzt, noch so ein erstes Mal, sitzt sie mit uns am Tisch. In ihrem eigenen Hochstuhl. Und will zum Abendbrot viel lieber unsere Lasagne statt Brei. Überhaupt will sie gerade alles haben und anfassen, jeden noch so kleinen Fussel. Ihr erstes Paar Schuhe hat sie auch bekommen. Pünktlich zum ersten Zahn, eine weniger angenehme Premiere. Den zweiten Zahn kann man schon sehen.

8. Juni
Sie futtert Süßkartoffelbrei, als hätte sie nie etwas anderes gemacht, und will unbedingt ihren eigenen Löffel. Sie klatscht mit ihren Füßen und lacht sich kaputt darüber. Sie unterhält sich mit ihrem Krokodil. Was sie noch mag: Papas Brille. Kopfüber hängen. Fliegen. Verstecken spielen. Gefunden werden. Kuscheln. Ein Mittagsschläfchen mit Papa halten. Entdecken (alles) und untersuchen (jedes winzige Detail), nichts ist mehr vor ihr sicher: die Wasserflasche, die Bücherstapel, die Fernbedienung, mein

Laptop, patschpatschpatsch (einen meinen Ordner hat sie in «gggggggggglllllaefccde» umbenannt, ich lass das jetzt mal so).

Größte Errungenschaft der Woche: Sie krabbelt. (Nein, ich muss es sagen, wie es sich anfühlte, als ich es zum ersten Mal gesehen habe: SIE KRABBELT.) Morgens krabbelt sie von ihrem Bett (das direkt neben unserem steht) zu uns und wieder zurück und hin und her und ist ganz aufgeregt.

10. Juni
Ich weiß nicht, ob er mir angemerkt hat, wie sehr die letzten beiden Wochen mich geschafft haben, die Windpocken, die ich mir irgendwo eingefangen hatte, und die natürlich just an dem Morgen ausbrachen, als er im Flugzeug nach München saß, die Marathonbehandlung beim Zahnarzt und die Schmerzen danach, die schlechten Nächte, meine Gereiztheit ihm gegenüber: «Was ist eigentlich so schwer daran, einen Teller zu benutzen, wenn du dir ein Brot schmierst, musst du wirklich die ganze Wohnung vollkrümeln, benutzte Kaffeebecher kann man übrigens in die Spülmaschine stellen, und dein Kind braucht eine frische Windel, oder bin dafür nur ich zuständig?»

«Ach, Liebling», sagte er nur, in diesem Tonfall, bei dem ich immer ganz wehrlos werde, «am Donnerstag führ ich dich aus.»

Heute dann stundenlang vorm Spiegel gestanden und überlegt, was ich anziehen soll, Parfüm aufgetragen und Lippenstift, und mich dann noch einmal umgezogen und

Kolibriherzflattern gehabt, nach all den Jahren. Direkt vorm Losgehen dann noch die Hose mit Süßkartoffelbrei überzogen, mich aber so gefreut, dass ich es bloß rausgewischt und sie einfach angelassen habe. So aufgeregt. Und durcheinander, als wir dann wirklich zur Tür rausgingen, ohne das Kind, ich bin doch keine schlechte Mutter, wenn ich einen Abend ausgehe, oder? Und wenn sie den ganzen Abend weint? Oder nicht schlafen kann? Oder sich alleine fühlt ohne uns? Oder nicht wohl mit dem Babysitter? Und er. Nimmt meine Hand und sagt, wie sehr er sich auf den Abend freut. Sagt, wie sehr ich sein Überraschungsrestaurant lieben werden. Sagt: «Es ist okay, wenn du gehst, es ist okay, wenn wir gehen, bei mir ziept es gerade übrigens auch ganz furchtbar.» (Und die Ergriffenheit, die mich in solchen Momenten packt, wenn ich weiß: Der ist es wirklich.)

Und jetzt liege ich im Bett, um zwei Uhr morgens, und kann nicht schlafen, weil ich so glücksgeflutet und überwältigt bin, von diesem Abend, von ihm, von diesem Restaurant. Das «Reinstoff» in Berlin-Mitte, das Restaurant von Daniel Achilles. Ein schicker, moderner, gemütlicher Laden. Ein herzlicher, flexibler (für mich bitte nichts, was aus dem Meer kommt), perfekter Service. Was nicht die geringste Rolle spielt, sobald man hier zu essen beginnt. Denn ab diesem Moment wird alles unwichtig, der Raum, der Tag, die Woche, die Müdigkeit, sogar die Zahnschmerzen. Jetzt weiß ich auch, warum dieser Laden «Reinstoff» heißt. Alles verschwindet und ist nur noch Geschmack. Das streitende Paar am Nebentisch, eben noch laut, jetzt plötzlich ganz leise. Geschmack, Geschmack. Weißer Spargel mit Kräutermilch und Wurzeln vom Weinberglauch. Gänseleber mit Holznoten der Eiche und Akazie. Rehrücken mit Rapsknospen und Ritterlingen. Eine Saubohne, die im Mund explodiert wie eine Silvesterrakete. Die köstliche Bitternis der Petersilienblüten. Bei der Basilikumcreme bilde ich mir plötzlich ein, Farben schmecken zu können, grün, dunkel-, nein, lindgrün. Er gibt mir eine Gabel von seinem Heilbutt, und ich esse widerstandslos, ich, der größte Fisch-Phobiker dieses Planeten, und erwische mich dabei, wie ich noch mehr will, so saftig und elegant, fast schon süß neben den erdigen Morcheln. Ich schmecke so viel, und doch steht kein Geschmack dem anderen im Weg, keiner drängelt sich vor, jeder hebt den anderen auf eine Bühne. Und die Desserts. Der Minztee. Creme mit Karamellkruste. Ein winziger Kuchen aus Zuckererbsen. Hier und heute: er und ich und das beste Essen meines Lebens. Ein Essen, das mir Gänsehaut macht, vier Stunden lang. Und am Ende dieses unglaublichen Abends dann auch noch sie, ganz warm gekuschelt vom Babysitter, ganz friedlich und rotbackig. Einer dieser Abende, an die man bloß denken muss, auch noch in zehn Jahren, und einem wird warm.

17. Juni

Sieben Monate. Sie erkennt sich im Spiegel und freut sich, als würde sie einen alten Freund wiedersehen. Sie nuckelt am Daumen, wenn sie glücklich ist. Wenn sie sehr glücklich ist, steckt sie sich beide Daumen gleichzeitig in den Mund. Sie isst für ihr Leben gern Pfirsiche und Bananen und kann Birnen überhaupt nicht leiden. Ihr Gesicht, wenn sie etwas zum ersten Mal probiert, Neugier, Überraschung, Freude, Abneigung – Geschmack, der in sie fährt wie ein Stromschlag. Sie versucht, sich hochzuziehen. Sie packt den Koffer, den sie geschenkt bekommen hat, ein und wieder aus und wieder ein und wieder aus, ihre Freude ermüdet nicht, auch nicht nach der 35. Wiederholung. Lieblingsbeschäftigung der Woche: Mit Papas Hilfe wackelig gehen üben.

22. Juni
Heute war die Frau mit der Liste wieder da. Auf der Liste stehen all die Fragen, von deren Beantwortung sie ihre Kita-Auswahl abhängig macht, und es sind so viele, dass ich mich frage, ob sie für ihr Kind je eine Kita finden wird. Gibt es einen Garten? Einen eigenen Spielplatz? Wie ist der Betreuungsschlüssel? Gibt es Bio-Essen? Ist es möglich, auch Essen für Nuss-Allergiker zu bekommen? Welche Möglichkeiten der Frühförderung gibt es? Musik? Tanz? Und wie sieht's mit Englisch aus? Und mit Computerkursen?

Vielleicht geht es der Frau mit der Liste genau wie mir, und die Liste ist nur ein Trick. In Wahrheit will sie ihr Kind, das noch jünger als Fanny ist und das sie immer im Tragetuch dabeihat, gar nicht in die Kita geben. Deswegen denkt sie sich lauter Fragen aus, deren Antwort ihr einen Grund dafür geben, nie wieder arbeiten zu gehen und einfach bei ihrem Baby zu bleiben. In Wahrheit will sie gar keinen Computerkurs und gar keine Englisch-Frühförderung, in Wahrheit will sie nur ein paar Ausreden, die ihr dabei helfen, ihre Lebensplanung endgültig über den Haufen zu werfen und zu einer Vollzeit-Mama zu werden.

Mein Herz tut auch weh, seit wir uns auf Kita-Suche begeben haben und dabei immer wieder die Frau mit der Liste treffen. Das letzte Mal so überfordert gefühlt habe ich mich, als wir beim «Informationsabend für werdende Eltern» in einer Klinik zwischen lauter anderen schwangeren Frauen und ihren co-schwangeren Begleitern saßen, die wie wir auf der Suche nach der richtigen Geburtsklinik waren. Im Unterschied zu uns waren die meisten von ihnen topvorbereitet gekommen, informierten sich über Dammschnitt-Raten, die Möglichkeiten vegetarischer Ernährung im Wochenbett und die Auswahl der Badezusätze für die Geburtswanne. Ich saß bloß da und war überfordert. So wie ich jetzt überfordert bin. Wahrscheinlich liegt es daran, dass wie damals auch jetzt ein neues Kapitel in meinem (und dieses Mal auch in Fannys) Leben beginnt.

Nie hätte ich damit gerechnet, dass mich das so mitnimmt. Schließlich bin ich zutiefst von jedem einzelnen meiner Argumente überzeugt, die für eine Kita sprechen. Fanny soll andere Kinder kennenlernen. Sie soll Freundschaften mit Gleichaltrigen schließen können. Sie soll mehr Bezugspersonen als uns beide haben. Ich glaube, dass es ihr guttut, wenn sie Angehörige einer Kinderhorde ist, wenn es nicht bloß Mama und Papa gibt, die sie auf den Arm nehmen, trösten, mit ihr Quatsch machen. Davon abgesehen muss ich nächstes Jahr auch wieder Geld verdienen. Davon abgesehen will ich nächstes Jahr auch wieder arbeiten. Das Dumme ist, dass alle Argumente, die für Kitas sprechen, mein Herz nicht erreichen. Mein Herz bockt herum. Kann ich doch nicht machen, mein kleines Mädchen in einer Kita zu lassen, ohne ihren

Papa, ohne ihre Mama. Egal, wie fest meine Überzeugung ist, dass ich das Richtige für mein Kind mache: Es fühlt sich furchtbar an, wie der erste große Abschied (vermutlich, weil es der erste große Abschied ist), wie der Ernst des Lebens, ein Ernst, mit dem wir nicht mehr viel zu tun haben werden, einige Stunden des Tages jedenfalls nicht. «Schau dir das doch alles erstmal an, bevor du präventivtrauerst», sagte eine Freundin neulich zu mir. «Vielleicht geht's euch allen super damit.» Stimmt ja, dachte ich. Und hatte trotzdem einen Riesenkloß im Hals.

26. Juni

Die blaue Strickjacke nur angezogen, weil ich mich so wohl in ihr fühle, eigentlich war es draußen viel zu warm für Wolle. Sie dann auch schon nach ein paar Schritten wieder ausgezogen und über den Kinderwagen gehängt. Einfach mit ihr herumgelaufen, ein paar Straßen rauf und wieder runter, die ich noch nicht kannte. Irgendwann auf dem Rückweg ist das Kind eingeschlafen. Ich halte beim Cupcake-Laden, den ich gestern entdeckt habe, um eine halbe Stunde zu lesen und Mokka-Cupcakes zu futtern. Dann sehe ich beim Bezahlen: Die Jacke ist weg. Die Strickjacke, in der ich die letzten fünf Jahre gewohnt habe. Die Jacke, die ich bei Fannys Geburt anhatte. (Ich bin ja generell sentimental, noch sentimentaler bin ich mit Lieblingsstücken, die ich trage, bis sie fast auseinanderfallen – ich mag die Vorstellung, dass einen nicht nur Stoff, sondern auch Geschichten umhüllen, ich bilde mir sogar ein, dass ich in meiner Lieblingsbluse weniger schüchtern bin und in meinen weißen Lieblingsturnschuhen einen anderen Gang habe, weil ich mit ihnen schon durch New York gelaufen bin.) Diese Jacke war eigentlich nichts Besonderes, aber sie fühlte sich besonders an, eine weiche blaue Strickjacke, sehr lang, sehr dick, fast schon eine Decke. Ich gehe noch einmal den ganzen Weg zurück, jede einzelne Straße, aber die Jacke bleibt verschwunden.

Später fahren wir mit dem Fahrrad ins Kino. Es ist warm, vielleicht wird es regnen, es ist eine Stimmung, die in jede Richtung kippen könnte und die irgendwie passt – so wie am Himmel sieht es gerade auch in mir aus: ziemlich wolkig, unklar, ob der Himmel noch mal aufreißt oder ein Gewitter losgeht. Kino ist in solchen Momenten eine gute Idee. Heute wird «Beginners» von Mike Mills gezeigt, in den Hauptrollen lauter Menschen, die ich sehr mag: Ewan McGregor, Christopher Plummer und Mélanie Laurent.

Der Film: Bindungsunfähiger Grafiker findet nach dem Tod seiner Mutter heraus, dass sein Vater eigentlich schwul ist. Oder: schon immer schwul war, über 40 Ehejahre lang. Der Vater verliebt sich und findet sein Glück, lebt endlich so, wie er immer wollte, viel zu spät, der Krebs zerfrisst seinen Körper. Nach dem Tod des Vaters verliebt sich auch der bindungsunfähige Grafiker. In eine bindungsunfähige Schauspielerin, aber es ist noch zu früh für Gefühle dieser Art, oder überhaupt: für Gefühle, die Trauer schnürt ihm das Herz zu. Und doch ist dieser Film ein Film über das Glück. Über das Albernsein, das Loslassen, das Sichverlieren, das Ankommen. Ein lustiger, süßer, irrsinnig warmer, trauriger Film. Ein Film über die Liebe zwischen Mutter und Vater, Eltern und Kindern, Mann und Mann, Mann und Frau, Mensch und Hund. Und als wir rauskommen, ist die Luft ganz klar.

5. Juli
Sie sagt Mama. Mama, Mama, Mama.

6. Juli
Sie wächst und wächst und wächst, die beiden Kleider, die ich ihr für den Sommer gekauft hatte, passen nicht mehr, bevor der Sommer überhaupt richtig begonnen hat. Auch das Krabbeln ist schon nicht mehr sonderlich aufregend für sie. Nun will sie: stehen. Und sich überall hochziehen. Am Tisch, an ihrem Bett, am Sofa. Sehr aufregend. Vor allem für uns – so schnell sie sich irgendwo hochzieht, lässt sie nämlich auch wieder los. Sie sagt «da» und «ahhhh», wenn sie etwas komisch findet. Und es ist wirklich lustig, was sie lustig findet. Neulich hat sie im Fernsehen zum ersten Mal «Spongebob» gesehen und konnte sich gar nicht einkriegen, als wir dann auf die Nachrichten umgeschaltet haben, konnte sie gar nicht genug von Claudia Roth bekommen, «da, da, daaaa» (vielleicht war es die Haarfarbe?). Sie sitzt nicht mehr gerne im Kinderwagen und wird lieber herumgetragen, weil sie so mehr sehen kann. Sie mag Blumen, Blätter, andere Kinder und Aloe Blacc (immer und immer wieder diesen einen Song, er verfolgt mich schon im Schlaf: «I Need A Dollar»). Lieblingsbeschäftigung der Woche: Fernbedienungsweitwurf.

8. Juli
Gedanken, für die man sich schämt, noch während man sie denkt:

Nein, jetzt nicht.

Schlaf doch mal, du schläfst doch gerade erst eine Stunde.

Es ist Mitternacht, verdammt.

Jetzt schlaf doch.

SCHLAF!

Verdammt noch mal.

Ich hätte so gerne mal einen Tag für mich, nur einen einzigen.

Mit einer ganzen Nacht Schlaf. Nach dem Aufwachen würde ich noch liegen bleiben, um dann nur aufzustehen, um mir ein riesiges Frühstück zu machen, ein britisches mit Bohnen und Spiegelei und Toast und Orangenmarmelade. Beim Frühstück würde ich erst Zeitung lesen und dann irgendeine blödsinnige Serie gucken. Dann würde ich zurück ins Bett gehen. Ich würde kurz überlegen, in die Stadt zu fahren, dann aber doch lieber noch liegen bleiben, um in Ruhe zu lesen, einen dampfenden Kaffee neben dem Bett. Irgendwann würde ich einnicken und wieder aufwachen, weil draußen vorm Fenster jemand leere Flaschen in den Glas-Container wirft, ich würde weiterlesen, mir einen Film ansehen oder zwei, eine Pizza bestellen, die größer als der Teller ist, und einen Becher Eis, und weil noch ein Apfelstrudel in der Tiefkühltruhe ist, gibt es zum Eis Apfelstrudel, der so heiß aus dem Ofen kommt, dass er das Vanilleeis zu einer Vanillesoße schmilzt.

MAMA.
Och, komm schon, Fanny.
Gib mir 'ne Pause.
MAMAAA.
Ich lege mich zu ihr, und sie rollt sich an mich, nah, nah, noch ein bisschen näher, sie wühlt sich in mich rein und legt ihre kleine Patschehand auf meine und guckt mich noch einmal mit diesem müde-verschlafenen, ganz haarverstrubbelten Blick an und schläft weiter, als wäre nie etwas gewesen, und ich bleibe noch bei ihr liegen, eine ganze Weile.

26. Juli
Manche Menschen lernt man auf eine seltsame Weise kennen, und dann ist es so, als würde man sie schon immer kennen. Bei Stepha war das so. Mein Mann, der das ein wenig masochistische Interesse pflegt, alles über die Gentrifizierungsdebatte in Berlin zu lesen, ist dabei auf das Weblog einer Frau gestoßen, die sich vorgenommen hat, 200 Tage lang jeden einzelnen Tag im Prenzlauer Berg an Türen zu klingeln und sich zu Kaffee, mitgebrachtem Kuchen und Küchentisch-Gesprächen einladen zu lassen. Fand er toll. Eine, die so mutig ist, sich auf die Wirklichkeit und die Menschen und ihre eigene Schüchternheit einzulassen. «Die musst du kennenlernen», sagte er mir.

Ich begann zu lesen und beneidete sie schon nach den ersten Einträgen um ihr Blog, in dem sie all ihre Begegnungen beschrieb. Obwohl ich vermutlich spätestens nach drei Tagen aufgegeben hätte: Jeden Tag einen Kuchen backen? Jeden Tag irgendwo klingeln, bei wildfremden Menschen, die nicht auf Besuch eingestellt sind? Überhaupt: Wildfremde Menschen ansprechen, ohne dass man weiß, wen genau man da eigentlich anspricht? Jeden Tag darüber schreiben? Und das alles mit einem Baby? Und sie schreibt gut, sehr gut sogar. Diese Frau möchte ich wirklich kennenlernen. Also lade ich sie zum Kaffee ein.

«Vielleicht hast du ja mal Lust auf eine Backpause», schreibe ich ihr, und dass ich ihre Idee ganz großartig finde. Noch am gleichen Tag schreibt sie zurück, wir verabreden uns für Sonntagnachmittag. Ich freue mich. Ich bin aufgeregt. Stepha ist eine phantastische Beobachterin, und es macht mich jetzt doch ein wenig nervös zu wissen, dass sie über mich schreiben wird, über die Wohnung, unser Leben, uns. Ich backe: Kuchen und Cupcakes, viel zu viel, wie immer, wenn ich aufgeregt bin. Und dann klingelt es. «Hier ist Stepha», sagt die Gegensprechanlage, «darf ich hochkommen?»

Dann kommt sie herein, ihr Baby um den Bauch gebunden, und schleppt auch noch eine riesige Blume für uns mit und eine rot karierte Wal-Rassel für Fanny, und wir setzen uns im Schneidersitz auf unser Riesensofa, und nach drei Sätzen bin ich nicht mehr verlegen, sondern bloß noch ich. Wir reden und lachen und reden, und die kleine Marie, die knapp zwei Monate jünger ist als Fanny, kratzt sie an der Nase, und Fanny schreit und klaut ihr den Schnuller, und wir lachen und trösten unsere empörten Babys, die schon wieder vergessen haben, wie empört sie sind, und reden über das Klischee der Mütter vom Prenzlauer Berg und über unsere Müdigkeit und übers

Schreiben und über unsere Geburten und das Glück dieses neuen Lebens. Was für eine schöne Frau, denke ich mir zwischendurch, nicht nur, weil sie sehr hübsch ist, auf eine sehr altmodische Art, sie schminkt sich nicht groß, braucht das aber auch gar nicht, weil sie sehr leuchtet, ein Leuchten, das man sich nicht aufmalen kann. Stepha ist wach und warm, sie hört zu, stellt Fragen, schaut einen an, lacht, schmust mit ihrer Tochter. Als sie geht, sage ich: «Lass uns uns doch bald wiedersehen», und sie sagt «ja, das wäre schön, das machen wir», und ich weiß, dass es keine Floskel ist.

5. August

Früh in unserer Beziehung haben wir beschlossen, dass wir einmal im Jahr nach Paris wollen. Aus keinem besonderen Grund, nur für die Art, wie man dort in Straßencafés sitzt, isst und nachts durch die Straßen wandert. Sonst stiegen wir immer im *Hotel Amour* ab, des Namens wegen und weil man sich beim Frühstück im Innenhof fühlt wie in einem dieser französischen Filme, in denen Liebe vor allem daraus besteht, dass man viel redet und raucht.

Mit Baby standen wir vor der Frage, vor der alle Eltern stehen: Was machen wir in Zukunft mit unseren Sommern? Drei Wochen All-inclusive-Club mit Kindermenüs und Animateuren? Ferien auf dem Bauernhof? Ans Meer fahren? Zu Hause bleiben? Wir entschieden uns dafür, unsere Paris-Liebe mit Fanny zu teilen. Schließlich kann es nicht schaden, den Eiffelturm schon mit neun Monaten zu sehen. Bis uns einfiel, was das kosten würde. Wenn man mit einem Krabbelkind in der Stadt ist, reicht ja kein Mini-Zimmer mit Duschkabine wie früher.

«Eine Wohnung», sagte ich, «wir brauchen eine Wohnung in Paris.»

«Wie in diesem Film, den du immer guckst, wenn du muffig bist», sagte er, «wie hieß der noch, ‹Liebe braucht keine Ferien›?»

Zwei Tage später stand unsere Wohnung auf Haustausch ferien.com. Nach nur zwei Wochen hatten wir Einladungen nach New York, Sydney, Barcelona, Kopenhagen, San Francisco, Jerusalem, Florenz – sogar in eine Villa nach Mexiko. Und eine E-Mail von Hélène aus Paris: «Ich habe euer Apartment gesehen, das sieht gut aus. Wir haben auch eine kleine Tochter, sie heißt Elise und ist zweieinhalb.» Im August seien sie zwei Wochen am Atlantik, dafür würden sie im Oktober gerne für vier Tage nach Berlin kommen. Ich klickte auf die Fotos und konnte nicht aufhören zu grinsen: ein schlichtes Wohnzimmer mit großem Sofa, eine offene Küche mit Gasherd, ein pinker Eiffelturm über dem Babybett, nicht riesig, aber wirklich schön und gemütlich. Der Stadtteil *Batignolles* sagte mir nichts, aber es gibt einen Park um die Ecke, Spielplätze und Restaurants. Fünf E-Mails später hatten wir einen Deal.

«Ihr wollt wirklich wildfremde Menschen in eure Wohnung lassen, habt ihr denn keine Angst?», fragte meine Schwester.

«Es sind keine Fremden», sagte ich. Ich weiß, dass

Hélène 40 ist und eine PR-Agentur betreibt. Ich weiß, dass ihr Mann Denis Ingenieur und 34 ist und beide sehr verliebt in ihre Tochter sind. Ich mag ihre Herzlichkeit, ihre Unkompliziertheit, ihren Humor. Das ist mehr, als ich über die meisten Nachbarn sagen kann. Aber natürlich hatte meine Schwester nicht ganz unrecht: Wer sich auf einen Wohnungstausch einlässt, teilt das eigene Bett, die Handtücher, die Kaffeetassen und die Schublade mit den Stilleinlagen mit Menschen, die er noch nie gesehen hat. Was ist, wenn die beiden über einer Techno-Bar wohnen? Was, wenn nie ein Schlüssel ankommt? Wir haben zwar so etwas wie einen Vertrag, aber rechtlich relevant ist der nicht. Könnte es nicht sein, dass Hélène und Denis es in Wahrheit nur darauf abgesehen haben, unsere Wohnung auszuräumen? Das sagte schließlich jeder, dem ich von unseren Sommerferien berichtete: Er hätte da einen Bekannten, der einen Bekannten hat, dessen Wohnung nach seiner Rückkehr völlig leer war. Mein Mann lachte, als ich ihm davon erzählte. Und hielt mir einen Brief aus Paris unter die Nase. «Hier sind die Schlüssel, hab ein wenig Vertrauen.»

Als wir die Tür zu Hélènes und Denis' Wohnung öffneten, konnten wir es immer noch nicht so recht glauben. Wir sind in Paris. Zwei Wochen lang, ohne einen einzigen Euro für die Unterkunft auszugeben. Drei Zimmer, ein Bad, eine Küche. Kein Fernseher, dafür viele Bücher, CDs, unfassbar gute Boxen und eine Badewanne mit Quietscheentchen-Sammlung. Im Kinderzimmer steht ein gelbes Plastikding mit knallbunten Blumen und Buchstaben, von dem man nicht wirklich sagen kann, was es eigentlich ist. Ein Turm? Eine Drogenerfahrung? Blumen, Buchstaben, ein Rohr, ein grüner Plastikflügel, quietschbunte Figuren. Fanny saß da und zog an den Bändern, die Musik ging an, und eine französische Kinderstimme sang: *Rouge!* Oder: *Bonjour!* Oder: *Jouons ensemble!* Sie quietschte vor Entzücken.

Nach einem Rieseneinkauf in Hélènes Lieblingssupermarkt und ihrer Lieblingsbäckerei mussten wir lachen. Können wir wirklich unsere Milch zu ihrem Kaffee in den Kühlschrank legen? Wer deponiert überhaupt Kaffee im Kühlschrank? Und dürfen wir unsere Unterwäsche neben ihre in die Schublade legen? Ich ließ die Schubladen lieber zu und die Unterwäsche im Koffer. Auch noch ungewohnt: die Maße dieser Wohnung. Als ich Fanny ins Bett brachte, rannte ich gegen die Kommode, neue Wohnung, neue Kanten, neue blaue Flecken. Die Wohnung und ich lernten uns schnell und stürmisch kennen. (Vorteil: Ich hörte sofort auf, mich zu fragen, ob wir vielleicht zu viel krümeln oder irgendetwas kaputt machen könnten.) Abends saßen wir auf dem Sofa, aßen Käse und Baguette und Eiscreme mit salzigem Karamell, im Haus gegenüber übte jemand Klavier, es klang wunderschön und sehr dramatisch. Wir sahen der Dämmerung beim Dämmern zu und tranken kalte Orangina. Ziemlich genau so fühlt sich zu Hause an.

Am nächsten Morgen spazierten wir durch die Nachbarschaft. Hélène und Denis leben in einem Arrondissement, in das wir sonst nie gekommen wären: keine Szene, keine Läden, die in Reiseführern stehen, Paris für Pariser, Restaurants, Bäckereien, Apotheken. So haben wir die Stadt noch nicht gekannt, fast ist es, als wären wir selbst Pariser. Sonst sind wir immer kreuz und quer durch die Stadt gezogen, jetzt ist unser Radius kleiner: Wir sitzen im Park und schauen Fanny beim Krabbeln und den alten Herren beim Boule-Spielen zu. Wir probieren Spielplätze aus, in jeder Himmelsrichtung einen, ohne Sand, stattdessen mit einer Art Kunstrasen, der federt. Bei unserem zweiten Besuch im Restaurant mit den unglaublichen Cheeseburgern brachte der Besitzer einen Hochstuhl und einen Löffel für Fannys Brei, sie lacht schon, wenn sie ihn sieht. Die Nachbarin aus der zweiten Etage, eine elegante Dame mit weißem Haar und roten Lippen, kann gar nicht genug bekommen vom *bébé*. Im Supermarkt gibt es Babybrei mit *fromage*. Die Windelpreise sind verrückt, Hélène hatte uns schon vorgewarnt: Eine Packung Windeln kostet 22 Euro, obwohl es exakt die gleiche Sorte ist wie in Berlin.

Wir sind oft in Paris und immer glücklich gewesen, aber nie so. Vielleicht, weil wir jetzt zu dritt sind, unserem Mädchen den Eiffelturm zeigen und sie Macarons kosten lassen können, aber es ist nicht nur das. Von dem Augenblick an, in dem wir den Zugangscode zu unserem französischen Haus eintippten, hatten wir nicht nur eine neue Wohnung, sondern auch einen neuen Alltag: mit unscharfen Messern, einer beeindruckend leisen Waschmaschine, einer Riesenkiste Duplo-Steine, Milchbrötchen zum Frühstück und Baguette zum Abendessen. Vorhin habe ich Hélène eine E-Mail geschrieben, «wo sind eigentlich eure Mülltonnen?» «Im Innenhof, bei den Blumentöpfen», schrieb sie nach zwei Minuten zurück, *«hope you feel comfortable.»* «Mais oui», schrieb ich zurück. Und wie.

9. August
8 Monate, 3 Wochen. Sie sitzt vor diesem seltsamen Turm des Pariser Haustausch-Kindes und zieht an Bändern, bis die Musik angeht. Sitzt da und beschäftigt sich mit den Duplo-Steinen des Pariser Kindes. Halbstundenlange Selbstversunkenheit, man sieht das Gehirn arbeiten, manchmal summt sie dabei vor sich hin, lustig, ihr Papa macht das auch. Sie will im Buggy jetzt lieber nach vorne gucken als zu uns, alles sehen, die Menschen, die Tuilerien, die Louvre-Pyramide, das andere Kind im Bus. Plappert vor sich hin, *wawawawa,* lacht alle an und winkt ihnen zu und freut sich, wenn man ihr zurückwinkt, zurücklacht. Manchmal jault sie im Schlaf wie ein kleiner Hund, was sie wohl träumt? Sie krabbelt immer schneller und versucht, freihändig zu stehen. Sie hat zwei neue Zähne. Sie quietscht mit, wenn ich ihr ein Lied vorsinge. Ihr Onkel hat ihr ein neues Lieblingslied beigebracht, *Da hat das Hottepferd sich ganz schnell umgedreht und hat mit seinem Schwanz die Fliege abgewehrt, die Fliege war nicht dumm, sie machte summsummsumm und flog mit viel Gebrumm ums Hottepferd herum.* Ich weiß nicht, wie oft ich ihr dieses Lied in den letzten Tagen vorgesungen habe, neulich hatte ich so einen Ohrwurm, dass ich es auf der Straße gesungen habe (und das erst mitbekommen habe, als sie laut lachte). So entschieden, wie sie sich freut, protestiert sie auch. Wenn ihr langweilig wird, dreht sie den Mund weg und verschließt die Lippen. Was sie auch macht, wenn ihr etwas nicht schmeckt oder wenn sie keinen Hunger mehr hat. Sie lacht auch laut, wenn man «Nein» sagt, und versucht das, wozu man «Nein» gesagt hat, gleich noch einmal zu tun (an der Steckdose herum-

zufummeln, zum Beispiel, was natürlich keine gute Idee ist, die Franzosen haben nämlich keinen Steckerschutz wie wir zu Hause). Freundliches, wildes, reiselustiges Vier-Zahn-Kind.

10. August

Das Glück macht manchmal komische Sachen mit einem. Paris sowieso. Heute hatte ich einen ganzen Tag frei, einen ganzen Tag ohne Baby, nur für mich. «Komm spät nach Hause», hatte er mir beim Abschied gesagt, und ich ging, ohne schlechtes Gewissen. In der Tasche meine Riesenliste mit all den gesammelten Tipps und Adressen, wann bin ich zuletzt einen ganzen Tag irgendwo hingefahren?

Und ich spaziere durch Saint Germain, und zum ersten Mal seit Tagen kommt die Sonne heraus, und es regnet nicht, und ich gehe und gehe, immer weiter, ein Laden, noch ein Laden, eine Kirche, ein Brunnen, genau hier haben wir vor einem Jahr, als Fanny noch in meinem Bauch war, eine Strickjacke gekauft, wir wussten noch nicht einmal, ob es ein Mädchen oder ein Junge wird. In den ersten Geschäften beeile ich mich noch, Muttereile, irgendwann werden die Schritte von selbst etwas langsamer. «Wir spielen und haben Spaß», simst er.

Wie schön es hier ist. Wie glücklich, albern, ausgelassen mich diese Stadt macht. Wie glücklich, albern, ausgelassen es mich macht, nach Monaten mal wieder richtig einkaufen zu gehen, ohne Hetze. Törtchengucken bei *Pierre Hermé*, Blusengucken bei *Vanessa Bruno*, Macarongucken bei *Ladurée*. Beschließe beim Anblick der *Ladurée*-Desserts im Tee-Salon eine Tarte Tatin zum Mittag zu essen, ich setze mich in die Ecke und kann gar nicht lange genug gucken. Die zwei alten Damen, wahrscheinlich schon seit 50 Jahren beste Freundinnen. Die Dame am Tisch neben mir bestellt mit Entschiedenheit ein Dessert nach dem anderen, erst ein Törtchen, dann eine Kugel Eis, dann zwei Macarons, und sie lächelt mir zu, wie es Komplizen tun. Und die Mutter mit ihren beiden Söhnen am Nebentisch, dem Akzent nach Amerikaner, wie entzückend sie mit ihren beiden Jungs umgeht, «Sweetie, du hast noch immer Hunger, dann müssen wir wohl noch eine Runde Macarons bestellen», und der Kellner zählt fünf Sorten auf, und der kleine Junge ruft nach jeder Sorte «OUI!», und die Mutter lacht, «ach, bringen Sie doch von jeder Sorte einen, wir teilen dann». Mein Kaffee kommt in einer kleinen silbernen Kanne, deren Griff mit Papier umhüllt ist, auf dem ein L steht, die Sahne, keine Schlagsahne, sondern schwere, leicht säuerliche *Creme double*, in einer Extraschale mit Extratablett. Ich koste die erste Gabel der ersten Tarte Tatin meines Lebens und muss mich zusammenreißen, nicht laut zu stöhnen, obwohl das hier wohl jeder verstanden hätte, das Karamellige, fast schon Bittere, die Süße der Äpfel mit der Säure der Creme. Wie oft habe ich mir vorgestellt, hier Kaffee zu trinken, und es ist viel besser, als ich es mir ausgedacht hatte. Und ich bin glücklich, nicht nur über diesen Tag, sondern über das ganze Jahr, den Mann, das Kind, das Leben mit Kind. Als ich nach Hause komme, höre ich schon im Treppenhaus Fannys Lachen, ihr Papa macht wieder Quatsch mit ihr, und wir gehen noch einen *Cheeseburger frites* im Café an der Ecke futtern, und sie schläft ein, in meinem Arm. Diesen Tag hebe ich mir für die schlechten auf.

15. August

Neun Monate. Sie hat herausgefunden, wie man Duplo-Steine aufeinandersteckt, die Feinmotorik stimmt noch nicht, aber sie hat das Prinzip des Ineinandersteckens begriffen: kleine Eimer in größere, Milchbrötchen in die Tasse, Finger in Mamas Nase. Wenn man an ihr vorbeigeht, lacht sie einen an, winkt, strahlt. Bei Kindern ist sie noch aufgeregter, bei Babys am aufgeregtesten, als würde sie ihresgleichen erkennen. Große Begeisterung auch über Hunde und Tauben. Sie krabbelt so schnell los, als wollte sie ganz sichergehen, Vorsprung vor den Erwachsenen zu bekommen, die sie einfangen wollen. Heute haben wir zum ersten Mal richtig fangen gespielt, sie krabbelt los, bleibt sitzen, kiekst, ich gehe in lauten Zeitlupenschritten hinterher, *gleich hab ich dich, dann küss ich dich,* und sie lacht und krabbelt los, bevor ich sie einfangen kann, bleibt wieder sitzen, kiekst, krabbelt. Auch toll: An Wänden entlanggehen. Oder am Sofa. Sie will sich jedes Blatt, jeden Grashalm, jeden Fussel in den Mund stecken und nie wieder hergeben, *ist meins, nicht deins, denk nicht mal dran, WÄH.* Sie wird wütend, theaterreif wütend, wenn das, was sie sich in den Kopf gesetzt hat, nicht klappt. Schreit empört und laut und hoch. Und ist gleich danach immer noch ein Kuschelkind. Kommt und legt den Kopf auf meine Schulter. Sie kommt überall mit, ins Restaurant, zum Einkaufen, in den Park, findet alles spannend.

Sie sitzt mit uns am Frühstückstisch und lutscht ein Milchbrötchen. Sie dreht, ehe sie einschläft, noch eine Viertelstunde richtig auf, der letzte Widerstand auf dem Weg ins Schlummerland.

6. September

Heute haben wir, glaube ich, die Kita gefunden, mit der sich mein störrisches Mama-Herz anfreunden könnte. Sie hat keinen Garten, und sie hat keinen eigenen Spielplatz wie manche der superausgestatteten anderen Kitas, die wir uns angesehen haben. Die Räume sind nicht übermäßig groß, und der Einrichtung sieht man an, dass schon einige Jahrgänge von Kindern in ihr gespielt haben. Aber ich wusste sofort, dass es genau diese Kita sein soll, und ihm ging es nicht anders. Als wir kamen, um uns vorzustellen, kletterte Fanny nach drei Minuten von meinem Schoß auf den Schoß der Erzieherin, die uns von der Kita erzählte, und blieb noch eine Weile sitzen, als wären die beiden alte Bekannte, bis sie es sich anders überlegte und sich lieber in aller Ruhe den Rest der Kita erkrabbelte. Wir sprachen noch ein wenig über das Übliche, das Essen, die Öffnungszeiten und das pädagogische Konzept, aber eigentlich war uns klar: Hier hätten wir gerne einen Platz, hier könnte es Fanny gut gehen. Und jetzt sitzen wir herum und fühlen uns wie 14-jährige Teenager, denen man noch nicht gesagt hat, ob man mit ihnen gehen will oder nicht oder vielleicht.

14. September
Wir haben einen Kita-Platz. Hätten die uns nicht absagen können, denke ich für eine Sekunde. Dann freue ich mich wie verrückt.

17. September
Ein neuer Zahn und zehn Dinge, die ich gerade ganz schrecklich an ihr liebe.

1. Wie sie sich an unseren Beinen hochzieht. Und dann aufrecht steht, ein Drittel von uns. Und sich dann umguckt, in aller Ruhe. Und wir dann nicht mehr weitergehen können.

2. Ihre Konzentrationsgeräusche. Sie pustet aus, saugt die Luft ein, brabbelnd, flüsternd. Irgendwann wird sie das nicht mehr machen, erwachsene Menschen machen ja kaum noch Geräusche.

3. Wie sie neuerdings ihren Kopf beim Flirten schief legt.

4. Wie sie bei allem mitmachen will. Kochen, essen, die Spülmaschine ausräumen. Und wie empört sie manchmal ist, wenn man mit ihr ganz normale Babydinge machen will.

5. Wie sie drei Sekunden nach dem Aufwachen schon krabbeln, stehen, spielen, schmusen will.

6. Wie sie sich wieder in das zarte, kleine Baby verwandelt, das auf den Arm will, wenn sie müde ist oder das Zahnen sie quält.

7. Wie sie lacht.

8. Wie entschieden sie ist. Beim Bücherregal-Ausräumen, Handtasche-Ausräumen, Schublade-Ausräumen – am Bücherregal kann man genau sehen, wie groß sie schon ist. In den Reihen mit den Büchern, an die sie noch nicht rankommt, ist noch eine Ordnung.

9. Wie sie mitten im Spielen plötzlich ganz aufgeregt angekrabbelt kommt und sich anlehnt, nur zwei, drei Atemzüge lang, als würde sie sich kurz mit Liebe aufladen.

10. Wie sie «Oh» sagt, wenn sie meinen Lippenstift im Klo versenkt, wohl wissend, dass das keine gute Idee ist, aber nicht widerstehen könnend, natürlich nicht, und dann merkt, dass sie etwas gemacht hat, das Mama nicht gerade super findet und es doch so unglaublich lustig findet, dass sie vor Lachen quietscht. «Oh.»

29. September
Plötzlich ZEIGT sie. Keine Ahnung, wo sie sich das abgeguckt hat. Hat sie? Zeigen wir denn? Mit dem Zeigefinger? Sie jedenfalls tut es. Auf eines ihrer Bücher, auf Essen, auf uns. Plötzlich kann sie eine imaginäre Linie zwischen ihrem Zeigefinger und einem Objekt ziehen, etwas meinen und wollen und DA sagen.

Überhaupt die Magie der ersten Male. Das erste Mal zeigen, das erste Mal applaudieren, das erste Mal lachen, das erste Mal winken. Bald werden es die ersten Schritte sein, man kann es schon ahnen. Es ist so schön, ihr dabei zuzusehen, wie sie sich selbst gar nicht einkriegen kann vor Freude darüber, etwas zu können, dass sie einen Tag, ein paar Augenblicke zuvor, noch nicht gekonnt hat. Wie merkt ein Baby eigentlich, dass es etwas Neues kann? Sicher, durch unseren Applaus, unser Feedback. Sie merkt, dass wir begeistert sind von ihren ersten Malen, und freut sich über unsere Freude. Aber das allein kann es nicht sein – es gibt auch eine Art Freude über das Wissen, das Herausfinden, das Lernen, strahlend, glucksend.

Plötzlich entwickelt sich so etwas wie eine Persönlichkeit. Und dann kommt dieser Augenblick (so kommt es einem jedenfalls vor, in Wahrheit sind es natürlich viele Augenblicke, aber es gibt immer den ersten, der einem auffällt), in dem das Baby ein Ich hat, Vorlieben, Einfälle, einen Charakter. Sie mag jetzt immer seltener Brei (und wenn überhaupt, dann nur mit einem eigenen Löffel). Sie liebt Weißwürste. Sie lässt sich immer seltener ablenken von dem, was sie will (nämlich das HANDY, nein, die FERNBEDIENUNG, nein, BEIDES, und versuch nicht, ihr stattdessen Spielzeug anzudrehen). Sie ist stinksauer, wenn man ihr etwas wegnimmt. Ihr ist langweilig. Sie mag in Ruhe und alleine spielen. Sie macht Quatsch, spielt verstecken, stundenlang. Sie mag keine Abschiede. Sie ist die ersten fünf Minuten schüchtern, wenn Besuch kommt, sie mag auf den Arm, bis sie sich sicher fühlt. Unglaublich, so ein Babygehirn.

3. Oktober
Dinge, die mich an ihm wahnsinnig machen:

✴ Dass er alle Einkäufe IN die Küche, aber niemals AN IHREN PLATZ legt. Das Duschgel, das Klopapier und die Windeln liegen so lange in der Küche, bis ich sie weglege. Wenn ich sie nicht weglege, würden sie dort bis in alle Ewigkeit liegen.

✴ Der Satz «Hätte ich gleich schon gemacht». Hast du schon beim Kinderarzt angerufen, um einen Termin zu machen, das wolltest du doch schon letzte Woche? «Hätte ich gleich schon gemacht.» Wieso kannst du nicht mal die Waschmaschine ausräumen? «Hätte ich gleich schon gemacht.» Wieso bin eigentlich immer ich für die Windeln zuständig, könntest du auch mal deine Tochter wickeln? «Hätte ich gleich schon gemacht.»

✴ Dass er genau dann ein Brötchen essen muss, wenn die Küche gerade frisch geputzt ist (und dann eine Krümelspur ins Wohnzimmer legt, auf die Hänsel und Gretel stolz gewesen wären). Und dass er NIEMALS einen Teller benutzt, wenn er krümelige Brötchen isst.

✴ Dass er seine dreckige Wäsche grundsätzlich auf die Erde knallt. Oder auf den großen Stuhl in der Küche.

✴ Dass er am nächsten Morgen pikiert fragt, warum ich bitte schön SEIN ZEUG wegpacke.

✴ Dass er niemals den leeren Kaffee auffüllt.

✴ Dass er immer den letzten Kaffee austrinkt.

✴ Dass er auf 30-Minuten-Monologe und ausgiebige Rede-Flashs, in denen es um die Wesentlichkeiten des Lebens, der Liebe, der Kindererziehung oder der Freundschaft geht, ausführlich mit «Hmmm» antwortet.

✱ Dass er eine Vergangenheit hat.

✱ Dass er mit den Augen rollt, wenn ich hin und wieder einfach groben Unfug glotzen will, weil dieser grobe Unfug eben genau das ist, was mein Gehirn gerade verarbeiten kann.

✱ Obwohl er immer diese bayerischen Vorabend-Krimiserien guckt. Und hinterher dann sagt: «Ich hätte sofort umgeschaltet, wenn ich die Fernbedienung gefunden hätte, das lief da bloß so.»

✱ Dass er nicht aufwacht, wenn das Kind nachts schreit. Er würde auch nicht aufwachen, wenn die Arctic Monkeys neben ihm ein Live-Konzert spielen würden.

✱ Dass er am nächsten Morgen total verwundert fragt, warum ich denn eigentlich so müde sei – das Kind habe doch prima geschlafen.

Dinge, die mich an mir wahnsinnig machen:

✱ Dass ich diese Frau bin, die das alles nervt.

5. Oktober
46 Wochen. Was sie gerade liebt: Die Raupe Nimmersatt. Bauchpusten. Meine Tasche ausräumen. Mein Portemonnaie ausräumen. Quietscheentchen. Mit Quietscheentchen frühstücken. Quietscheentchen im Brei versenken. Gekitzelt werden. Das Sieb aus der Dusche fischen. Das Regal ausräumen. «Bobo»-Bücher. Äpfel. Die Schranktür aufmachen. Die Schranktür zumachen. Den Schrank ausräumen. Marvin Gaye. Den Stecker aus der Steckdose ziehen. Alle Stecker aus allen Steckdosen ziehen. Meinen

Schlüsselbund. Milchhörnchen. Die Mainzelmännchen. Die Wettervorhersage. Duplo-Figuren. Duplo-Häuser einreißen. Den Finger in Mamas Nase stecken. Den Finger in Mamas Mund stecken. Flaschendeckel auf Flaschen schrauben. Kochtöpfe. Auf Kochtöpfe hauen. Die Spülmaschine. Jan Delay. Die Fernbedienung. DVD-Hüllen. Den Spiegel auf der letzten Seite des Kinderbuches «Gesichter machen». Überhaupt das ganze Buch. Den Spiegel im Schlafzimmer, in dem sie sich von oben bis unten sehen kann. Aufs Papas Schultern sitzen. Die Zahnpasta von der Zahnbürste lutschen. Die Socken ausziehen. Sand essen. Noch mehr Sand essen, schon weil sie es nicht soll. Zeigen. Verstecken spielen. Sechs-Zahn-Kind gerufen werden.

12. Oktober
Babypubertät. Sie will die Schublade aufmachen und schafft es nicht und weint. Als sie es schließlich doch schafft, klemmt sie sich die Finger ein und weint. Sie ist sauer, weil sie es nicht schafft, sich die Socken auszuziehen. Sie ist sauer, wenn ich ihr dabei helfe. Sie will Weißwürste, und als sie dann endlich Weißwürste bekommt, will sie auf gar keinen Fall Weißwürste, sie will meine Tasche ausräumen. Sie will Pfefferminzbonbons essen, unbedingt, jetzt sofort, nein, nichts anderes, nur diese Dinger aus Mamas Tasche, und sie schreit, weil ich sie ihr wegnehme. Mitten im Schreien vergisst sie zu schreien, weil sie lieber die Schere haben will, die sie auf meinem Schreibtisch entdeckt hat. Dann schreit sie, weil ich die Schere noch ein Stück höher lege. Während ich mich um-

drehe, schnappt sie sich den einen Pfefferminzbonbon, den ich übersehen habe, weiß der Himmel, wo der lag. Dann schreit sie, weil die Dinger so scharf sind.

Ich bin so müde. Und werde immer müder. Ich möchte auch eine Runde schreien und mich auf die Erde werfen und Weißwürste hassen. Und der Mann reagiert auf meinen Satz «Ich hab so Heißhunger auf Lakritzstangen, Lakritzstangen würden mir jetzt das Leben retten, Liebling» mit «Kannste mir dann Kippen mitbringen?». Ich glaube, ich mache uns jetzt mal Pfannkuchen.

19. Oktober

Zwei Monate nach unserem Paris-Haustausch sind die Franzosen bei uns zu Besuch – während wir ab morgen zu meiner Schwester ziehen. Vor ein paar Tagen hatte ich unseren Schlüssel nach Paris geschickt, zusammen mit einer langen Liste unserer Lieblingsorte im Kiez. «Ich freue mich so auf Berlin», hatte mir Hélène geschrieben, und ob es in Ordnung sei, wenn sie statt ihrer Tochter Denis' Bruder mitbrächte, sie hätten gerne mal ein langes Wochenende kinderfrei. «Kein Problem», schrieb ich, und ob ich Alkohol besorgen solle. «Mach dir bitte keine Mühe», schrieb sie. «Wir werden eine fabelhafte Zeit haben.» Nervös bin ich trotzdem. Ob sie es bei uns mögen werden? Was sie wohl über uns denken, wenn sie sehen, dass wir 800 DVDs und ein Sofa von der Größe Australiens besitzen? Wird es sie stören, dass in den Schubladen in der Küche Chaos herrscht und unsere Schranktür offen steht, weil die Tür klemmt? Soll ich meinen alten Laptop wegschließen? Dann fällt mir wieder die französische Lässigkeit ein, die wir im Sommer mit nach Hause genommen haben (und die Erkenntnis, die auch Wikipedia groß gemacht hat): Kontrolle ist gut, Vertrauen ist besser. Ich schließe nichts weg und verstecke auch nichts. Und vertraue darauf, dass eine Französin versteht, warum man als Frau eine Schublade voller Ringelshirts besitzen muss.

24. Oktober

Am Abend der Abreise eine SMS von Hélène bekommen: «Wo wohnt ihr eigentlich, welche Etage? Und wie kriegt man eure Tür auf?» An alles hatte ich gedacht, an frische Bettwäsche, an eine Flasche Champagner im Kühlschrank (wenn schon kinderfrei, dann richtig), an frische Blumen, nur nicht daran, unseren Gästen zu sagen, wie viele Treppen sie hochsteigen müssen und mit welchem Trick man unsere Haustür aufschließen kann. Danach hörte ich nichts mehr und hielt das für ein gutes Zeichen.

Als wir vorhin die Tür zu unserer Wohnung öffneten, ist es ordentlicher, als es bei uns je ordentlich war. Nichts ist kaputtgegangen, alles an seinem Platz. Auf dem Küchentisch stehen eine Packung Kekse, zwei wunderschöne Espresso-Tassen und ein Brief:

> Danke, dass wir uns bei euch zu Hause fühlen durften. Wir haben den ganzen Tag französische Filme geguckt und Kekse gefuttert. Deine Kekse, liebe Okka, oje. Sie waren so lecker und

plötzlich weg. Vielleicht freut ihr euch über ein paar neue Espresso-Tassen? Falls ihr die Bettwäsche sucht, die ist in der Waschmaschine. Machen wir das vielleicht noch mal?

Hélène

10. November

11 Monate und 3 Wochen. Gerade noch nicht eins, eine Woche noch. Und dann steht sie plötzlich freihändig, einfach so, nicht für zwei, drei Sekunden, sondern eine halbe Minute lang. Sie hatte nicht einschlafen können, obwohl es schon spät war, war bloß kurz weggedriftet und nach einer Viertelstunde wieder aufgewacht mit diesem leisen Wimmern, das niemand über drei Zimmer Entfernung hören kann außer uns, in deren Bewusstsein sich dieser Seismograph eingerichtet hat, der alles verzeichnet, was vom Kind kommt, noch so etwas, über das man staunt, wenn man beginnt, darüber nachzudenken. Er hatte sie wieder aus dem Bett geholt und sie müde gekuschelt, sie wollte aber nicht müde bleiben, sie wollte krabbeln, mitternachtskrabbeln, zu ihrem Spielzeug, den Büchern, den Stapeldosen, sie spielte, ganz ruhig, ich sah es nur aus den Augenwinkeln, dann sagte er leise: «Guck doch mal.» Sie stand. Aufrecht. Ohne sich festzuhalten. Hörte gar nicht mehr auf, so dazustehen. Dann merkte sie, dass sie stand, obwohl sie doch noch gar nicht stehen kann. Und setzte sich hin. Dann stand sie wieder auf, stellte sich wieder hin, als hätte sie nie nicht gestanden, hörte gar nicht mehr auf, dazustehen.

TEIL 3

17. November

Liebe Fanny,
 genau jetzt, in dieser Minute wirst du ein Jahr alt.
 Ich erinnere mich noch so gut.

Wie stürmisch es war in dieser Nacht. Wie wir noch spazieren gingen und alle zwei Minuten anhielten und lachten, wenn das noch ging, und mit dir sprachen, Fännchen, jetzt kommt du wirklich, nicht mehr lang. Wie die Hebamme sagte: «Da ist sie, schau doch nur», und ich es nicht glauben konnte, bis ich deinen Papa sah und seinen Blick. Du hättest diesen Blick sehen müssen, Fanny, überwältigt von Liebe, hingerissen von dir, vom allerersten Moment an. Und wie du mir dann auf den Bauch gelegt wurdest, so winzig, so wunderschön, und ich es endlich glauben konnte. Wie wir die erste Nacht verbrachten, du auf meinem und auf seinem Bauch, und ich nicht schlafen konnte, dich nur ansehen und hören wollte, der Raum ganz still und dein Babyatem, ein, aus, ein, aus, was für ein Wunder.

Und die Tage danach, das erste Mal zu dritt. Dein Papa guckt uns an und sagt «Zwei-Frauen-Herde». Manchmal binde ich dich um meinen Bauch und gehe mit dir spazieren und zeige dir die Welt, «guck mal, Fanny, ein Baum, das ist ein Vogel und das ist die Sonne», und du gurrst. Das erste Mal baden, du steckst deinen Zeigefinger in den Mund und bist erst ganz aufgeregt und dann ganz ruhig. Du hast seine Nase, seinen Blick, seine Hände und Füße, Mini-Papa-Füße, wie ich sie liebe. Du hast meine Augen, nur blauer, meine Lippen und dieses Kräuseln auf der Stirn, wenn du dich konzentrierst, haargenau das gleiche Kräuseln wie ich, Mini-Mama-Stirn, wie ich sie liebe. Dein erstes Lachen. Ich habe noch nie etwas so Schönes gesehen. Du schläfst wie dein Papa, nie vor Mitternacht, dafür gerne lang. Du redest wie ich, sehr, sehr viel, *ahhh, ohhh, ahhhhh-ohhhhhh*. Du lachst und lachst und lachst und gluckst und beißt in die Nase deines Knisterelefanten und in meine. Plötzlich drehst du dich. Du entdeckst, dass du Füße hast, du steckst dir deinen großen Zeh in den Mund. Ich soll auch deine Zehen essen, deine Füße küssen und pusten, noch mal, noch mal, noch mal. Du willst alles essen, jeden Fussel, jedes Stück Papier, die Bürste. Du bekommst Zähne. Du futterst Süßkartoffeln. Du willst deinen eigenen Löffel haben. Du krabbelst. Du spielst Verstecken und sagst «DA!».

Manchmal muss ich mich zusammenreißen, um nicht loszuheulen, wenn ich dir beim Fannysein zusehe, wenn ich sehe, wie du dir beide Daumen gleichzeitig in den Mund steckst, wie du dein Spiegelbild küsst, wie du lachst, dein Ganzkörperlachen. Wir zeigen dir den Eiffelturm. Und das Meer. Du ziehst dich überall hoch und stehst. Dein Lieblingswort ist NEIN, wie ich es liebe, dein NEINEI, fröhliches, wildes, reiselustiges Vier-Zahn-Kind. Dann hast du Babypubertät, du bist sauer, wenn du es nicht schaffst, dir die Socken anzuziehen. Bist sauer, wenn du nicht die Schere haben darfst, keine Fisherman's Friends essen darfst, die du aus meiner Tasche gepult hast, du willst nicht schlafen, überhaupt nicht. Zwei Tage später ziehst du dich überall hoch und willst nur noch stehen. Du liebst Weißwürste, und du räumst das Bücherregal aus, du fischst das Sieb aus der Dusche, du lachst, wenn im Fernsehen der Wetterbericht läuft, du liebst die Freud-Figur deines Papas, du redest mit ihr, du hältst das Telefon an dein Ohr, du räumst die Spülmaschine aus und dann gleich wieder ein. Zwischendurch kommst du und lehnst dich an, lädst dich mit Liebe auf, dann spielst du weiter. Du bist so groß, dass wir uns schon «Weißt du noch»-Geschichten erzählen. Das Großwerden geht so irrsinnig schnell, du bist 51, 56, 68, 72, 77 Zentimeter groß. Du hast sieben Zähne. Du wiegst zehn Kilo, mehr als dreimal so viel wie bei deiner Geburt. Du läufst am Sofa entlang, du willst alles alleine machen, gehen, essen, dich anziehen, dich ausziehen. Du versuchst zu gehen, es fehlt nicht mehr viel. Du hast 27 Kosenamen und jeden Tag noch einen mehr, *Fännchen, Fän Fän, Rollmops, Flöckchen, Speckbacke, Neugierdsnase*. Letztes Wochenende, du bist aufgewacht und konntest nicht wieder einschlafen, haben wir dich zu uns aufs Sofa geholt. Du wolltest aber nicht aufs Sofa, du wolltest krabbeln und spielen. Und plötzlich stehst du da, ohne dich irgendwo festzuhalten, stehst da, einfach so, bis du merkst, dass du noch gar nicht stehen kannst und dich wieder hinsetzt. Und wieder aufstehst und stehen bleibst und in die Hände klatschst. Ich halte den Atem an und sehe dir zu. Ich merke, wie mir eine Träne die Backe hinunterläuft. So ist das mit dir, Fännchen, vor lauter Rührung muss ich andauernd heulen. Seit ein paar Tagen tanzt du, und du tanzt den halben Tag, am liebsten zu Weihnachtsliedern und Jan Delay, wenn dir ein Lied im Radio gefällt, drehst du es lauter, und dann tanzt du, drehst den Oberkörper nach links und rechts, dein Babytanz, und ich heule schon wieder.

Noch nie in meinem Leben war ich so müde und fertig wie in diesem Jahr. Noch nie in meinem Leben war ich so glücklich. So sehr ich dich von der allerersten Sekunde an geliebt habe, so groß war auch die Angst. Wird alles gut gehen? Werde ich eine gute Mutter sein? Werde ich mein altes Leben vermissen? Und dann bist du da und alle Fragen weg, und ich kann mir nicht mehr vorstellen, dass du jemals nicht da gewesen bist.

Ich habe beschlossen, dir Briefe zu schreiben, um diese Zeit aufzuheben, die großen, aber vor allem auch die kleinen Momente, die man so schnell wieder vergisst, weil jeden Tag etwas Neues passiert. Briefe, die diese Zeit ein wenig aufheben für uns. Manchmal wünsche ich mir ein zweites Herz für meine Liebe, aber das würde auch nicht reichen. Nie im Leben.

Happy birthday, Fännchen!
  Deine Mama

28. November
Pst. Psssssst.
   Nein, nicht jetzt.
Ach, du weißt schon, was ich dir sagen will?
   Natürlich weiß ich das. Du bist mein schlechtes Gewissen, ich kenne dich nur zu gut.
Dann kann ich ja wieder gehen.
   Wenn du auf beleidigt machst, bist du gleich noch viel schwerer zu ertragen. Du verschwindest doch sowieso nicht, bis ich mir anhöre, was du zu sagen hast. Also fang schon an.
Wir sind aber empfindlich heute.
   Stimmt, sehr empfindlich. Müde und empfindlich.
Und sauer auf dich selbst.
   Vor allem sauer auf mich selbst. Weil mir die guten Sätze immer erst hinterher einfallen. Weil ich die Klappe gehalten habe, statt einfach mal zu sagen, was ich denke.
Nicht so schnell. Wie war das genau?
   Entschuldige. Ich habe diese Frau wiedergetroffen, die ich eigentlich sehr gerne mag, ihre Tochter ist ungefähr so alt wie meine. Wir haben einen Kaffee getrunken und über unser Leben geredet.
Klingt doch ganz nett.
   War es auch. Bis ich erzählt habe, dass das letzte Wochenende echt anstrengend war, weil Fanny Fieber hatte und nur geweint hat und völlig durch den Wind war und überhaupt nicht schlafen wollte und nicht essen und auch sonst eigentlich überhaupt gar nichts wollte. «Ich bin so müde», sagte ich, «wenn sie wenigstens mal durchschlafen würde.» «WIE», sagte sie, «DEIN KIND SCHLÄFT NOCH NICHT DURCH? Wie alt ist sie jetzt? EIN JAHR?

Meine Tochter schläft schon seit Monaten durch, SEIT MONATEN, jede Nacht von halb acht bis halb acht, ohne jedes Problem.»

Kann dir doch egal sein.

Könnte es, da hast du recht. Sollte es sogar. Aber du hättest ihren Blick sehen müssen.

Da stehst du doch drüber.

Am Anfang schon. Wie hat meine Großmutter immer so schön gesagt? Zum einen Ohr rein, zum anderen wieder raus. Bis sie mir erklärte, dass ich selbst schuld bin. Weil Fannys Bett an unserem steht und weil sie manchmal zu uns rüberkrabbelt, statt in ihrem eigenen Zimmer zu liegen. Dann würde sie nämlich schon LÄNGST durchschlafen.

Weißt du nicht am besten, was gut für dein Kind ist?

Doch. Und trotzdem. Diese Frau ist ein bisschen wie du – ich will das alles nicht hören, weghören kann ich aber auch nicht.

Und dann?

Hat sie mir erzählt, wie total supertiefenentspannt ihr erstes Jahr mit Kind war. Ihre Tochter hat NIE gemault, NIE geweint, die war NIE anstrengend, die war ein TRAUM, nonstop, eigentlich könnte sie gleich das nächste Kind kriegen, so easy, wie das alles ist. Dann hat sie mir gezeigt, was ihr Kind schon alles kann. Die kann nämlich schon Tiere nachmachen. «Guck mal», hat sie gesagt, «mach mal den Fisch. Und der Hase, wie geht der Hase? DER HASE, genau. DAS IST DER HASE. Alles nur eine Frage der Übung, solltest du auch mal machen.»

Kann sie auch schon den Vogel? Den könnte sie ihrer Mama doch eigentlich mal zeigen.

Du bist lustig. Du bist nie lustig. Du bist heute überhaupt so nett, was ist los mit dir?

Auch wenn es manchmal nicht so aussieht: Ich bin auf deiner Seite. Ich will dir eigentlich bloß helfen, klarer zu sehen.

Und was siehst du?

Dass du glücklich bist mit deinem Kind. Dass du erschöpft bist, aber glücklich. Und dass dein Kind die meiste Zeit auch sehr glücklich aussieht. Es gibt keinen Grund, sich von irgendwelchen Supermuttis erzählen zu lassen, was du angeblich alles anders machen solltest. Erstens geht sie das überhaupt nichts an. Zweitens glaube ich nur die Hälfte von all dem, was sie da erzählt. Drittens solltest du einfach weiter auf dein Herz hören und auf deinen Bauch. Damit bist du die letzten Monate doch sehr gut gefahren, oder?

Wenn das alles so klar ist, warum bist du dann da, schlechtes Gewissen?

Weil du dir die ganze Zeit diese Frage stellst.

Wieso ich nichts gesagt habe? Wieso ich ihr nicht gesagt habe, dass Kindererziehung nicht olympisch ist?

Die Antwort darauf weißt du doch. Weil du höflich sein wolltest, weil du dachtest, das ist es nicht wert, weil du keine Lust auf eine Diskussion hattest und ein bisschen feige warst, nicht schön, aber auch nicht das Ende der Welt. Ich meinte die andere Frage.

Das ist nicht so einfach.

Es ist aber wichtig, also raus damit.

Binicheinegutemutter.

Ich habe dich nicht verstanden.

Bin ich eine gute Mutter?

Was ist so schlimm an dieser Frage?
Eigentlich gar nichts. Das ist ja das Verrückte. Ich kenne die Antwort, ich sehe sie, jeden Tag. Dass wir glücklich sind, dass ich es liebe, eine Mutter zu sein, dass alles irgendwie ganz automatisch passiert und sich gut und richtig anfühlt. Dass es schlimme Tage gibt, die schlimmen Tage aber auch vergehen. Alles gut, viel besser, als ich erwartet hatte. Und trotzdem braucht es nur eine Supermama, damit ich mich frage, ob ich wirklich alles richtig mache oder nicht doch alles falsch. Ob diese Frau nicht möglicherweise doch recht hat. All die Dinge, die sie sagt, gehen mir mitten ins Herz, ungefiltert.
Passiert dir das öfter?
Gerade neulich erst, als ich mit Fanny auf dem Spielplatz war und sie ausrutschte und hinfiel, in der einen Minute, die ich telefoniert hatte. Ich hatte noch versucht, sie aufzufangen, kam aber genau diese eine Sekunde zu spät, und sie knallte mit der Stirn auf den Holzsteg, der quer über den Spielplatz führt, ich habe das Geräusch jetzt noch im Ohr. Sie blutete ein bisschen und schrie sehr laut. Ich nahm sie in den Arm und tröstete sie, ich merkte, wie sie ruhiger wurde, als sich eine Mutter vor mich stellte und erst sehr lange auf das Handy starrte, das vor mir im Sand lag, und dann auf Fannys Wunde. «Wollen Sie das denn nicht desinfizieren?» «Doch», sagte ich, «wenn wir gleich zu Hause sind, dann kommt vielleicht auch ein Pflaster drauf.» «Haben Sie denn keine Pflaster dabei?», fragte die Mutter und hielt mir eine Dose hin, die bis obenhin mit alldem gefüllt war, was ich natürlich nicht dabeihatte: Pflaster, Desinfektionsspray, Verbandsmaterial, Heftpflaster, Mini-Taschentü-

cher, Sonnenspray. Ich fühlte mich so mies in diesem Moment.

Ich sage jetzt mal nichts.

Es ist schon wirklich merkwürdig mit dem Muttersein. Dieses ewige Nach-links-und-rechts-Schauen. Dieses ewige Vergleichen und Beurteilen. Ich bin ja selbst nicht besser. Erst neulich habe ich auf dem Spielplatz eine Mutter böse angeguckt, weil ihr Sohn meiner Tochter ihr Lieblings-Eisförmchen geklaut und dann auch noch mit Sand geschmissen hat, während sie in aller Ruhe in ihr Handy guckte. Dabei geht mich das genau genommen einen Scheißdreck an, und Fanny hat diesen Jungen sowieso auch ganz alleine angebrüllt, um dann friedlich mit ihm weiterzuspielen.

Wieso nimmst du das alles eigentlich so persönlich?

Gute Frage. Vermutlich weil das Muttersein immer noch ziemlich neu für mich ist. In meinem Job weiß ich, was ich tue, wenn irgendetwas mal danebengeht. Als Mama muss ich meine Erfahrungen erst noch sammeln. Weil ich noch dünnhäutiger bin als sonst. Weil es hier um etwas wirklich Wichtiges geht, um das Allerwichtigste: um mein Mädchen. Aber auch, weil es mir schwerfällt, all diese Dinge nicht persönlich zu nehmen. Ich habe mich in meinem ganzen Leben noch nie so beurteilt und beäugt gefühlt wie jetzt als Mutter. Jeder hat eine Meinung zum Muttersein und zur Kindererziehung. Und meistens ist es keine gute. Ich habe mich in meinem ganzen Leben noch nie so oft gerechtfertigt wie als Mutter (sogar vor mir selbst), ich habe noch nie so viele gute und schlechte Ratschläge bekommen.

Was ist dann wohl das Beste, das du machen kannst?

Auf mich selbst zu hören? Auf meinen Bauch, mein Gefühl?

Und was von dem, was dein Gefühl dir sagt, fühlt sich richtig an?

Eigentlich alles.

Mal eine andere Frage. Was ist eigentlich so erstrebenswert an der Vorstellung, eine perfekte Mutter zu sein?

Je länger ich darüber nachdenke, desto weniger weiß ich es.

Dann frage ich mal anders: Was für eine Mutter würdest du dir wünschen, wenn du selbst wieder ein Jahr alt wärst? Oder drei oder fünf?

Ich hätte gerne eine Mama, die halbwegs entspannt ist. Eine, mit der man herumschmusen und albern sein kann. Eine, die damit leben kann, wenn die Wohnung mal chaotisch ist, weil es gerade Wichtigeres gibt. Eine, die mich begleitet und an meiner Seite ist, eine, die mich die Welt entdecken lässt, in meinem Tempo. Eine, die vielleicht mal die Pflaster vergisst und die Apfelspalten, aber das Wichtigste eigentlich immer dabei hat: zwei offene Arme.

Kitschelse. Noch was?

Eine Mutter, die nicht den halben Tag darüber nachdenkt, ob sie perfekt ist, weil sie weiß, dass sie ohnehin Fehler machen wird, immer wieder, man nennt es: Leben.

Da hast du doch deine Antwort. Aber sag's ruhig noch einmal.

Ich bin eine unperfekte Mutter und das ist gut so.

Ich geh dann mal.

Gute Nacht.

Gute Nacht.

Ach, eines noch. Erinnerst du mich an meine Antwort, wenn ich mal wieder einen Tag wie diesen habe?

Ist ja mein Job. Und jetzt schlaf. Du kannst es gebrauchen.

27. Dezember

Ich liebe Weihnachten. Ein paar meiner schönsten Erinnerungen handeln vom Heiligabend, von lang ersehnten und endlich erfüllten Wünschen, von nach Rotkohl duftenden Küchen mit beschlagenen Fenstern, von Gesprächen, die im Schein fast heruntergebrannter Tannenbaumkerzen geführt wurden.

Weihnachten war aber auch oft eine Zeit im Jahr, in der mir mein Leben ziemlich um die Ohren geflogen ist (weil diese Zeit mir so heilig ist, weil ich zu Weihnachten immer sehr grundsätzlich werde, weil sich das Jahr dem Ende zuneigt und ich ein Jahresend-Nachdenker bin, weil ich immer das Bedürfnis habe, zu bilanzieren, am Ende des Jahres einen Strich unter alles zu ziehen und zu gucken, was da steht, nicht steht, stehen sollte, was da ist und was fehlt). Weihnachten denke ich (wie vermutlich die meisten Menschen) darüber nach, was ich mir eigentlich wünsche – nur selten sind das Dinge, die man in Geschenkpapier wickeln kann.

Dieses Jahr sind wir in Berlin geblieben. Ich hatte ein bisschen Angst, meine Familie zu sehr zu vermissen, aber ich vermisste nichts an diesem Tag, ich kam erst gar nicht dazu. Diese Weihnachtstage, das waren: Weihnachtstage mit einem kleinen Mädchen, das die ganze Zeit die Kugeln vom Baum stibitzte und nicht genug von «All I

Want for Christmas» bekommen konnte. Weihnachten mit einem Mann, der laut aufstöhnte, wenn seine beiden Frauen schon wieder Mariah Carey anmachten, und dann lachend mittanzte. Weihnachten mit selbstgemachtem Rotkohl und Klößen und sehr viel Soße, mit einem Braten, der kaum in den Ofen passte, und mit dem dänischen Reispudding, mit dem uns Marlene angesteckt hatte und in dem eine Glücksmandel versteckt ist, die man nur findet, wenn man genug davon isst (was weniger das Problem ist). Weihnachten, wie ich es mir schon manchmal gewünscht hatte: im Pyjama. Fast jedenfalls, Fanny wollte unbedingt ihr schwarzes Kleid mit den weißen Punkten anziehen und ihre roten Schuhe.

Der Tag verging so gemütlich, dass ich fast ein bisschen erschrak, als draußen die Kirchenglocken zum Weihnachtsgottesdienst läuteten. Ich habe noch nie einen Weihnachtsgottesdienst besucht, aber das Glockenläuten am Heiligabend macht mich immer sehr froh (und sehr dankbar). Also stellte ich mich mit Fanny ans Fenster, ins Blinken der Weihnachtslichter, die unser Nachbar auch dieses Jahr wieder ins Fenster gehängt hatte, und dachte daran, wie ich vor einem Jahr auch schon hier gestanden hatte – im Blinklicht, mit einem winzigen Baby auf dem Arm, einem Baby, das jetzt ein kleines Mädchen ist, das sich anschmiegt, mit dieser warmen, bis in jeden Muskel entspannten Schwere, das es immer hat, wenn es schon ziemlich müde ist. Und wenn dieser Tag in diesem Moment vorbei gewesen wäre, hätte ich ihn als einen der schönsten in Erinnerung behalten. Aber er fing gerade erst an.

Wir hatten uns auf die Küchendielen gesetzt, um mit

ihr die Geschenke auszupacken, in der Küche war am meisten Platz, und es roch einfach herrlich. Sie packte die kleinen Tierfiguren aus, die wie Matroschka-Puppen ineinandergestapelt waren, ein Pinguin in einer Robbe in einem Tiger in einer Eule in einem Löwen in einem Affen. Sie lachte über den kleinen Pinguin am Ende, egal, wie oft wir die Tiere in- und wieder auseinanderstapelten. Sie freute sich über die knallrote Holzkasse, die ich für sie ausgesucht hatte, weil sie so viele Knöpfe hat, die man drücken kann, aber die Knöpfe interessierten sie gar nicht, sie wollte bloß immer die Schublade auf- und wieder zuziehen. Am meisten beeindruckt hat sie eine winzige Stoffgiraffe mit Magneten an den Füßen, die wir geschickt bekommen hatten. Sie heftete die Giraffe an den Kühlschrank. Nach oben. Nach unten. Nach ganz oben. Lachte, betrachtete ihr Werk, lachte noch einmal. Dann ging sie los, zu ihrem Papa, der gerade den Rotkohl umrührte, einen Schritt weit und noch einen und noch einen, noch ein bisschen wackelig, aber voller Stolz, Schritt, Schritt, Schritt, in die Arme ihres Papas und wieder zurück zu mir. Mein Gott, dachte ich, von allen Tagen des Jahres sucht sie sich den Weihnachtsabend aus, um ihre ersten Schritte zu gehen, diesen einen Abend im Jahr, der mir wirklich heilig ist. Ich wischte mir eine Träne aus den Augen. Sie giggelte und ging auf und ab, von einem Zimmer ins nächste, als wäre es nicht weiter erstaunlich, dass ihr Körper gerade beschlossen hatte, gehen zu können.

«Ich kann nicht mehr», sagte ich später beim Essen zu ihm, nachdem Fanny auf meinem Arm eingeschlafen war, genauso plötzlich, wie sie eben ihre ersten Schritte gegangen war. «Ich bin so glücklich, dass ich laut schreien könnte.» «Warte, bis du ausgepackt hast», sagte er und ging am Küchenfenster rauchen. Ich fand es seltsam, dass er mitten beim Essen aufstand, sonst raucht er immer auf dem Balkon und nach dem Essen, aber heute war schließlich nichts wie sonst. «Komm, lass uns auspacken, bevor wir uns über den Reispudding hermachen», sagte er, «du zuerst.» Ich packte ein Kochbuch von meinen Eltern aus und einen Krimi. «Jetzt das», sagte er. Also öffnete ich das große Paket und freute mich sehr über den Inhalt – eine große schwarze Rührschüssel, Modell Margrethe: stabil, schlicht, so schön, wie eine Rührschüssel nur schön sein kann. «Super», sagte ich, diese Rührschüssel war wirklich die Königin der Rührschüsseln (sie war ja nicht umsonst nach Prinzessin Margrethe benannt, der späteren Königin von Dänemark). Ich überlegte laut, was ich in den nächsten Tagen alles in ihr zusammenrühren würde, Kekse, vielleicht ein Brot, als er mich unterbrach. «Du hast da noch etwas übersehen.» Tatsächlich war in der großen Schachtel noch eine kleine Schachtel, eine sehr kleine. Also packte ich die Schachtel aus und rechnete mit vielem, nur nicht mit dem, was sich tatsächlich in ihr verbarg. Ein goldener Ring, der goldene Ring, den ich mir schon so oft angesehen hatte, ein Ring, der ein Wort schreibt: *OUI*. Ich sah ihn an, wieder auf den Ring, wieder zu ihm, ich verstand und verstand doch nicht, was, wirklich, jetzt, heute, an diesem Abend, nach so vielen Jahren? Er öffnete den Mund, sagte nichts, dann holte er tief Luft und fragte ganz leise: «Willst du?» Ich sagte «Ja» und zur Sicherheit gleich noch einmal «Ja». Dann küssten wir uns und waren ein bisschen durch den Wind. Ich nannte ihn «meinen Verlobten» und er mich «seine Verlobte», dann aßen wir sehr viel Reispudding. In meinem vorletzten Löffel: die Glücksmandel.

10. Januar
Dinge, die mir mein Kind gezeigt hat
[Wie herrlich es ist, albern zu sein]

Ich bin 34 Jahre alt. Und diese Frau, die stundenlang eine Katze spielt, die miaut und maunzt und sich die Pfoten schleckt. Ich bin ein wieherndes Pferd. Ich bin der Plumps. Ich bin das hüpfende Häschen in der Grube. Ich bin die tanzende Socke.

17. Januar

Liebe Fanny,

heute bist du ein Jahr und zwei Monate alt. Du läufst. Und wie. Du läufst vom Wohnzimmer in die Küche, in den Flur, ins Schlafzimmer und wieder zurück. Zwischendurch machst du Beute, schnappst dir einen Löffel, ein Kissen, ein T-Shirt und läufst weiterweiterweiter. Du hast vorne kurze und hinten lange Haare. Du räumst gerne Schubladen aus, alle T-Shirts, alle Schuhe, alle Kochtöpfe. Du räumst mein Portemonnaie aus und bist stinksauer, wenn ich dir die Münzen und Scheine wegnehme. Vor ein paar Tagen habe ich dir ein eigenes Portemonnaie mit alten Kreditkarten und Spielgeld geschenkt. Haben willst du aber nur das Original, Widerstand zwecklos. Letzte Woche bist du in unserem Haus zum ersten Mal die Treppen hochgeklettert. Seitdem willst du nur noch Treppen hochklettern, bis zum Dachboden, wieder hinunter und wieder hoch. Du fütterst deinen Esel und die Elmo-Handpuppe. Du hast schon wieder 20 neue Kosenamen, *Fannoschka* und *kleiner Vogel*, weil du nach dem Aufwachen aussiehst, als wärst du gerade frisch geschlüpft. Du machst Quatsch. Guckst mich ganz ernst an und steckst mir dann blitzschnell deinen Finger ins Nasenloch. Setzt dich hinter die Gardine, ziehst den Vorhang zu und wieder auf und sagst: «Waaaaaah!» Ziehst mir die Socken aus und beißt in meinen großen Zeh. Du lachst so sehr, dass dein kleiner Babykörper wackelt. Habe ich Babykörper gesagt? Du bist kein Baby mehr, du bist jetzt ein kleines Mädchen. Manchmal vermisse ich das winzige Bündel, das du gerade noch warst, vor ein paar Monaten hast du noch auf den Unterarm deines Papas gepasst. Aber dann schaue ich dich an und kann nicht aufhören zu staunen. Wie toll du bist. Wie lustig. Wie neugierig. Und vergluckst. Und dickköpfig. Wie unglaublich zärtlich. Seit einer Weile küsst du (allerdings nie auf Bestellung). Auf der Straße winkst du wildfremden Menschen und lachst, bis sie zurücklachen, dann lachst du noch mehr und legst den Kopf schief. Du hast zwei Backenzähne, Zehn-Zahn-Kind.

Manchmal bin ich so müde, dass ich mir zwei freie Tage wünsche, zwei Tage zum Durchschlafen. Lege ich mich dann wirklich mal eine Stunde schlafen, vermisse ich dich schon, wenn ich die Tür hinter mir schließe. So ist das mit dir, Fanny, du raubst mir den Schlaf und manchmal auch die Nerven, und ich kann nicht genug davon bekommen. Gestern Abend hast du dir ein Buch geholt, du bist zu mir aufs Sofa geklettert, hast deinen Kopf auf meinen Bauch gelegt, meinen Arm genommen und um dich geschlungen. Dann hast du gelesen. Seite für Seite, das Buch weggelegt, mir über den Kopf gestreichelt und «Ei» gesagt. Dann hast du weitergespielt. Könnte man solche Momente nur zusammenfalten und sie in die Hosentasche stecken, für später, für immer! Ich würde sie dir zeigen, in 20, nein, in 30 Jahren, wenn du fast so alt bist wie ich jetzt gerade, wenn du einen schlechten Tag hast oder einen guten, schau nur, Fanny, würde ich sagen, das bist du mit einem Jahr und zwei Monaten, ist das nicht schön?

Es küsst dich
deine Mama

9. Februar
Morgen fliege ich nach Paris. Ohne Kind, ohne Mann, nur ich, fünf Tage lang. Vor zwei Wochen kam eine Mail mit der Frage, ob wir nicht Lust auf einen spontanen Wohnungstausch hätten, Prenzlauer Berg gegen St. Germain. Ich hatte. Wie immer, wenn mir jemand Paris in mein Herz träufelt, aus keinem besonderen Grund, einfach nur, weil Paris so ist wie Paris. Der Mann hatte keine Lust, mit Kind im Februar zu verreisen, zu kalt, zu ungemüt-

lich, zu viel Zeug auf der To-do-Liste. Stimmte ja alles. Vor allem, was er noch sagte: «Flieg doch alleine, ich fahre mit Fanny nach Hamburg, sie muss ihre Geschwister sowieso mal wiedersehen, und wo mein Schreibtisch steht, ist ja egal, das schaffen wir schon.»
«Wirklich?»
«Wirklich.»
«Wirklichwirklich?»
«Ich glaube, du kannst es gebrauchen.»

Auch das stimmte. Wenn ich mich nach etwas gesehnt hatte in meinem Leben mit Kind, in dem so viele Sehnsüchte erfüllt waren, war es genau das: wieder einmal verantwortungslos sein zu dürfen. Auszuschlafen, solange ich wollte, solange der Körper wollte (keine Ahnung, ob er es noch kann). In meiner eigenen Zeit zu leben, ein paar Tage lang. Vor mich hinzuschauen, hinzutrotten, hinzutrödeln. Ohne ein Auge, ein Ohr, zwei Augen, zwei Ohren, meine Seele bei Fanny zu haben. Keine Alarmanlage sein zu müssen. Nicht die Pflicht zu haben, darauf zu achten, dass da keine Ecken, Kanten, Abgründe sind, an denen sie sich verletzen könnte.

Das bekomme ich jetzt. Ich bin dankbar dafür. Ich habe Angst davor. Ich war noch nie länger als ein paar Stunden von meinem Mädchen getrennt. Ich vermisse sie, obwohl ich noch nicht in Paris bin und sie noch gar nicht in Hamburg ist, sondern immer noch auf ihrem Hochstuhl sitzt und ihre Haarspange im Obstbrei badet, *dadada*. Wie soll ich es aushalten ohne die beiden? Ich weiß, dass sie es ohne mich aushalten wird, aber ich ohne sie? Nein, ich bin keine schlechte Mutter. Ich bin nur eine Frau in den

Dreißigern, die von ihrem Kind begluckt werden will. Aber wir werden skypen. Falls Mademoiselle Fanny Zeit für mich hat.

12. Februar
Paris, alleine: fünf Tage Zeitlupe. Gegangen. Weitergegangen. Abgebogen. In diese Straße hinein. Und in diese. Keinem Plan folgend, bloß einem Gefühl. Im Café gesessen, ein paar Seiten gelesen, eine Postkarte geschrieben, noch ein paar Seiten gelesen. Einfach nur dagesessen und geguckt. Am Nebentisch sitzt ein Paar mit einem Baby. Das Baby schläft im Kinderwagen, das Paar hält Händchen und sagt nichts. Man sieht ihnen die Müdigkeit an und ihr Glück. Ich vermisse Fanny. Irgendwie hatte ich erwartet, dass das eine ganz große Sache wird mit dem endlich wieder Ich-Sein, aber das Alleine-Ich ist gar nicht anders als in Berlin, nur weniger müde und ein bisschen entspannter. Zeit zu haben ist schön. Dinge ganz langsam zu machen ist schön. Ganz langsam zu frühstücken. Ganz lange in der Badewanne zu liegen. Ganz in Ruhe etwas anzuprobieren. Am Ufer der Seine entlangzugehen und auf die Uhr zu schauen, und drei Stunden sind vergangen. Das Licht und die Farben hier. Jedes Mal, wenn ich die Tür aufschließe, das Gefühl, nach Hause zu kommen. Es ist schön, eine Küche zu haben und ein Regal voller Bildbände, eine CD-Sammlung und eine Nachbarin, die jedes Mal «Shhhhhhhhhh!» sagt, sobald sie mit ihren Hunden ins Treppenhaus tritt, «SHHHHHHH!» und die Hunde bellen trotzdem. Bis zur Seine sind es zwei Minuten. Bis zum Louvre zehn. Bis zu meiner Lieblingsbäckerei fünf.

Es ist schön, alleine zu sein. Aber auch merkwürdig. Die Stadt ist voller Wirs, beschrieben mit unserer Geschichte. Da vorne haben wir letzten Sommer mit Fanny im Park gesessen und gepicknickt. In diesem Laden haben wir eine Strickjacke für sie gekauft. In diesem Café haben wir immer Kaffee getrunken.

Nach zwei Tagen fühle ich mich plötzlich leicht, so leicht wie seit Monaten nicht mehr. Ich kaufe mir knallroten Lippenstift und eine Bluse und ein Paar goldene Schuhe. Ich überlege, ins Kino zu gehen, setze mich dann aber lieber wieder ins Café. Zum Abendessen gibt es Brot und Ziegenkäse, Kaffee-Eclairs und Macarons. Ich schaue mir den Bildband von Carine Roitfeld an, den meine Haustausch-Partnerin auf dem Schreibtisch liegen hat. Ich schaue mir drei Folgen «Downton Abbey» an. Der Mann zeigt mir auf Skype das schlafende Kind, und es macht mich sagenhaft froh, keine anderen Sorgen zu haben, als meine Liebsten zu vermissen. Ich gehe noch einmal an die Seine, ich mag dieses gelbe Licht der Pariser Straßenlaternen, ich mag, wie still es in der Stadt plötzlich ist, ich stelle mich auf den Pont des Arts, gucke auf die Eiffelturmspitze und versuche, diesen Moment auswendig zu lernen. Am letzten Morgen fahre ich noch hoch nach Montmartre zum Hotel Amour, wo meine Paris-Liebe vor ein paar Jahren begann, auf einen Cheeseburger und einen Blick auf das Wort, das in großen Leuchtbuchstaben über dem Eingang steht und diese Stadt so perfekt beschreibt und mein Gefühl und überhaupt alles. *Amour.*

3. März
Dinge, die mir mein Kind gezeigt hat
[Es gibt keine guten Gründe und überzeugenden Argumente dafür, alles, was gut ist, ständig zu verschieben]

Kekseessen! Buchlesen! Kuscheln! Jetzt!

27. März

Liebe Fanny,

ich will dir schon so lange schreiben und bekomme es irgendwie nicht hin, weil alles, was ich dir gerade schreiben könnte, so sentimental ist, dass ich dir ganz furchtbar peinlich sein werde, wenn du das hier liest. Die Wahrheit ist: Ich würde gerade gerne mit dir durchbrennen. Abhauen, mir egal, wohin. Das ist natürlich totaler Quatsch. Erstens könnte ich dich niemals wecken, so hinreißend, wie du gerade schläfst. Zweitens würde das leider auch nichts bringen, wegrennen will ich nämlich nur vor einem, vor der Zeit, die es so eilig hat. Kaum zu glauben, wie groß du in den letzten Wochen geworden bist. Plötzlich sprichst du, plötzlich sind da lauter Wörter, *Mama, Papa, Mapa,* wenn du uns beide meinst, *da, app,* für alles, was oben ist, und natürlich: *nein,* dein Lieblingswort. Wenn du müde bist, schnappst du dir deine Flasche und ein Buch und legst dich ins Bett. Du willst alles, aber auch wirklich alles alleine machen, dein Brot schmieren, dein Bobbycar schieben, dich anziehen und ausziehen, deine Haare kämmen, dein Abendessen auswählen, und du wirst wütend, wenn man versucht, dir zu helfen. Du verabschiedest dich mit einem Luftkuss. Du tanzt gerade am liebsten auf dem Arm deines Papas, ein wilder Sitztanz, euer Tanz, euer Ritual. Seit gestern magst du nicht mehr im Kinderwagen sitzen, du magst gehen, über Nacht bist du eine Spaziergängerin geworden.

Ach, die Zeit. Kaum bist du klein, bist du schon groß. Versteh mich nicht falsch. Es ist wundervoll, dir beim Großwerden zuzusehen, ich weiß nicht, wie du es anstellst, aber irgendwie wird es immer noch ein bisschen schöner mit dir. Manchmal, wenn ich dir zusehe beim Wachsen, dir zusehe, wie du in deinen kleinen Schuhen die ganze Straße hinunterspazierst, gleich neben deinem Papa, meine beiden großen Lieben, dann kann ich kaum glauben, dass du wirklich meine Tochter bist. Und ich deine Mama.

Seit gestern bist du ein Kita-Kind. Es gibt hundert gute Gründe dafür, und es ist eine sehr schöne Kita, und du freust dich schon beim Aufstehen und bist bereit für diesen Schritt, viel bereiter als ich. Ich vermisse dich. Natürlich weiß ich, wie bescheuert das ist. Mein Kopf kann all die guten Argumente auswendig, so oft, wie er sie in den letzten Tagen wiederholt hat. Aber mein Herz hört nicht zu, es vermisst dich einfach, kleines Fännchen, Spaziergängerin.

Es küsst dich
deine Mama

4. April
Der erste Morgen alleine zu Hause, ihr erster Kita-Tag ohne Begleitung. Ich sitze am Schreibtisch. Obwohl ich weiß, dass sie in der Kita ist, erwarte ich ständig, dass sie nach mir ruft. Oder angelaufen kommt. Aber da ruft niemand, und es kommt auch niemand angetappst. Ich gucke ungefähr alle fünf Minuten auf die Uhr. Und aufs Handy, falls jemand aus der Kita anruft. Aber natürlich ruft niemand an, warum denn auch. Es ist halb elf, und ich war schon einkaufen. Und habe schon die Wohnung aufgeräumt. Und telefoniert. Und gearbeitet (okay, das ist gelogen, ich habe meine Unterlagen bereitgelegt und ein Word-Dokument geöffnet).

Vor anderthalb Stunden habe ich meiner Tochter einen Kuss gegeben und dabei zugesehen, wie sie sich zu den anderen Kindern an den Frühstückstisch gesetzt hat. Sie hat gewinkt und gelacht und sich dann auf die Frage konzentriert, ob sie lieber Milch oder Joghurt zum Müsli möchte. Ich winkte noch einmal, sie schaute nicht hoch. Ich ging in die Garderobe und zog mir meine Schuhe an und sah noch einmal nach, ob sie auch wirklich alles hatte (Mütze und Tuch und Schuhe – als wäre sie auf Socken hergefahren). Dann setzte ich mich aufs Fahrrad und holte mir Brötchen, zur Feier des Tages, und als ich die Wohnungstür hinter mir schloss, schossen mir die Tränen in die Augen. Vor mir lag ein freier Tag, ein Tag, wie ich ihn mir in meinen «Kann ich vielleicht mal fünf Minuten ungestört einen Kaffee trinken»-Tiraden so oft gewünscht hatte. Und jetzt habe ich fünf ungestörte Minuten, sogar fünf ungestörte Stunden, und ich will eigentlich nur, dass die Zeit schneller vergeht, und mein Kaffee wird kalt, weil ich vergesse, ihn zu trinken.

26. April

Seit Tagen immer wieder das Gefühl, Gegenwind zu haben. Bei vielem, was ich anfasse, denke, mache. Widerhaken. Zu tief in der Haut, um sie einfach herausziehen zu können. Ein blöder Nachmittag und gleich wieder die Frage, warum ich mich manchmal selbst so trieze, so oft so viel härter zu mir bin als zu jedem anderen Menschen. An den Vormittagen endlich wieder Zeit für mich, luxuriöse Ungestörtheit, und ich sitze am Schreibtisch und komme in keinen Rhythmus und nie hinterher. Ein Satz, der nicht böse gemeint ist und sich trotzdem verhakt, im Kopf kreiselt. Meine Laune ist gerade ungefähr so wie Berlin im Januar.

Ich weiß, alles eine Frage der Betrachtung. Und es wäre deutlich vernünftiger, die Dinge so zu sehen, wie sie rational betrachtet sind: Nach anderthalb Jahren Pause muss man erst wieder hineinkommen in den neuen Alltag. Nicht weiter verwunderlich, dass sich das neue (alte, aber nicht mehr gleiche) Leben und das Wiederanfangen erstmal zäh anfühlen. Es ist ja auch nicht schlimm, wenn sich Gefühle zu Traurigkeiten verknoten, das kommt vor, sie werden sich schon wieder auflösen, meistens kommt am Ende sogar etwas Neues, Klares, Gutes dabei herum, Häutungen eben.

Leider kommen die Selbstbeschwörungen gerade nicht in meinem Kopf an. Oder im Bauch. Oder wer sonst zuständig fürs Leichtsein und für den Leichtsinn ist. Also durchatmen. Warten, bis der Wind sich wieder dreht. Schlafen. Rumgehen. Rausgucken. Mit einer Freundin in der Küche sitzen und Apfelstrudel mit Vanillesoße essen. Mit sehr viel Vanillesoße. Parfüm tragen. «Frühstück bei Tiffany» gucken. Kartoffelpüree essen. Edith Piaf hören. Und «Melancholie» von Gisbert zu Knyphausen: *«Ich mein, du weißt ja, eigentlich mag ich dich sehr gerne, wenn du nur ab und zu mal deine Fresse halten würdest. Aber du zerredest mich so lang, bis ich nicht mehr weiß, wo ich bin und was ich will. Komm, sei endlich still, Melancholie, sei endlich still.»* Einen Brief schreiben. «Der große Gatsby» lesen. Und Marc Fischer. Blumen kaufen. Mit meiner Schwester telefonieren. Sehr laut «Town Called Malice» von The Jam hören. Schon viel besser.

3. Mai
Ihre Spuren überall. Eine Pinguinfigur in meinem linken Schuh, eine Kritzelei in meinem Buch, das ich endlich weiterlese, und an der Stelle, die zuletzt aufgeschlagen lag, wilde rote Striche von ihr, noch eine Kritzelei in meinem Kalender, dieses Mal in Textmarkerpink, die Trinkflasche, nach der wir neulich so lange gesucht haben, steht in einer halbleeren Getränkekiste auf dem Balkon, neben unseren leeren Mineralwasserflaschen, wie ein Kind zwischen seinen Eltern, unter meinem Kopfkissen drei Duplo-Figuren, im Flur ein Spielplatzsandhäufchen aus ihren Schuhen.

18. Mai

Liebe Fanny,

einen schöneren Tag hättest du dir nicht aussuchen können, um anderthalb zu werden. Du hast lange geschlafen, bis halb zehn, kaum zu glauben. Um Mitternacht, pünktlich zu deinem Geburtstag, ist dein Papa von seiner Reise nach Hause gekommen und hat sich zu dir gelegt. Du hast die Augen aufgeschlagen und «Baba» gesagt, oder eher «BABAAA», dann hast du dich in seinen Arm gelegt und so gut geschlafen wie schon lange nicht mehr. Danach haben wir ungefähr zwei Stunden gefrühstückt. Auch so etwas, das ich unfassbar an dir liebe, Fännchen: Du bist eine Genießerin. Du kannst dir Zeit lassen, dich fallenlassen in Dinge, die dir gefallen, Essen zum Beispiel. Es gibt nichts, was du nicht probierst. Du liebst saure Gurken, Birne, Butter, Risotto, selbstgemachte Pizza (vor allem den Teil, wo du den Teig platt klopfen und die Tomatensoße verteilen darfst), Avocado, Laugenbrötchen. Du liebst es auch, Musik zu hören und zu tanzen. Ich habe noch nie einen Menschen so tanzen gesehen wie dich, Fanny. Es ist, als würde die Musik in dich fahren, als wärst du selbst ein Ton, ein Lied, so wunderschön, ausgelassen, frei. (Wann fängt man an, sich beim Tanzen darüber Gedanken zu machen, wie man aussieht? Bitte tanz immer so weiter, dein Leben lang!) Manchmal nimmst du dir ein Buch und eine Flasche Wasser, legst dich in deine Kuschelecke und liest. Du kannst aber auch sehr aufgeregt sein. Heute warst du sehr aufgeregt, als du zum ersten Mal die neue Tafelwand in der Küche bemalen durftest. «Da», hast du gesagt, immer wieder, «da, da, DAAA.» Dann hat dein Papa deinen Umriss auf die Tafel gemalt und verziert, mal warst du ein Teufel, dann ein Engel, dann ein Hase, ein Cowboy, ein Geburtstagskind und eine Königin. Den Cowboy mochtest du am liebsten. Der Cowboy hat dich so entzückt, dass du ihn Bert, der Handpuppe, und deinem Bären gezeigt hast, ich musste sie genau dorthin halten, wo du gestanden hattest. Als ich das erste Mal auf die Uhr gesehen habe, war es halb sieben. So ein Tag war das, Fanny. Dann wolltest du Abendessen. Du hast die Schublade in der Küche aufgemacht, das Risotto herausgeholt und mir gegeben, dann hast du auf die Milchflasche gezeigt und «Mi» gesagt, zum ersten Mal. Gestern hast du zum ersten Mal Gurke gesagt, «Gua». Wo kommen die Worte plötzlich her? Wo kommt das alles plötzlich her? Du willst nicht mehr getragen werden. Du willst nicht an der Hand gehalten werden. Du willst dir alleine die Zähne putzen. Du willst die Tür aufschließen. Du willst die Einkaufstüten tragen, egal, ob sie größer und schwerer sind als du. Du holst morgens nach dem Frühstück die Jacke und den Fahrradhelm, damit wir in den Kindergarten fahren. Du nimmst meine Hand und führst mich zu dem, was du willst. Du nimmst meine Hand und machst sie zu deiner, lässt dir geben, was zu hoch liegt, aufdrehen, was zu fest verschlossen ist, hervorholen, was wir vor dir versteckt haben.

Es ist so wunderbar, dir beim Fannysein zuzusehen, Fanny. Du bist ein so schöner Mensch, so fröhlich, so entschieden, so neugierig, so aufmerksam, so zärtlich, so wild, so zart, so bockig, so heile. Eben beim Einschlafen hast du deinen Finger an meine Lippen gelegt und gesummt, du wolltest, dass ich für dich singe, also habe ich «Twinkle, twinkle little star» gesummt, und du hast ein bisschen mitgesummt. Dann hast du dich in mich gedreht, meinen Arm genommen und um dich gelegt. Ich wollte dir noch diesen Brief schreiben, und konnte einfach nicht aufstehen. Jetzt ist es schon nach Mitternacht, und ich schreibe dir, und hoffe, dass du weißt, wie lieb ich dich habe, und dass du schöne Abenteuer träumst.

Es küsst dich
deine Mama

20. Mai
Dinge, die mir mein Kind gezeigt hat
[Das Glück ist ganz nah]

Ein vom Schlafen noch bettwarmes, verstrubbeltes Kind. Ein Spaghetti-Eis. Ein Spielplatz an einem sonnigen Nachmittag, auf dem kein anderes Kind spielen will. Und sie kann rutschen, sooft sie will. Ihre ausgestreckten Arme, wenn ich sie abhole. Pfannkuchen mit Apfelmus. Sich zu verstecken. Gefunden zu werden. Ein neues Buch. Und die alten. Eine Höhle. Ein Paket zu bekommen. Unter die Decke zu schlüpfen. Zu rennen.

25. Mai
Wir hatten vor dem Einschlafen in ihrem Lieblingsbuch geblättert, über Tiere und die Geräusche, die sie machen, und als sie die Katze aufschlug, sagte sie «Miau». Einfach so, als hätte sie es schon immer gewusst. «Ja», jubelte ich, wie ich mich bei jedem neuen Wort und jedem neuen Trick, den sie sich einfallen lässt, kaum einkriegen kann, weil ich es auch nach 18 Monaten immer noch so umwerfend finde, dass in einem Kind plötzlich etwas da ist, was zehn Minuten zuvor noch nicht da war. «Miau, miau», sagte sie. Ich sah sie an, ihre Haare, die in den letzten Wochen so lang, und die Ärmel ihres Schlafanzuges, die fast schon wieder zu kurz geworden waren. Ein Moment, so schön, dass ich schlucken musste.

Da war es wieder, dieses merkwürdige Gefühl, das ich erst kenne, seit ich Mutter bin. Noch während ich total glücklich bin, wird mir vor Traurigkeit das Herz ganz schwer. Noch während sie in ihrer Babywanne auf dem Balkon planscht und laut lacht, wenn sie immer wieder den Stöpsel rauszieht, denke ich daran, dass sie in zwei, drei Monaten nicht mehr in diese Wanne passen wird. Sie wächst so schnell, dass ich mit den Erinnerungen nicht hinterherkomme. So sentimental kenne ich mich nicht.

Je länger ich darüber nachdenke, desto seltsamer und gluckiger kommen mir meine eigenen Gefühle vor. Ich sehe mein Kind an und will es festhalten. Ich sehe, wie sie die Welt entdeckt, wie sie jeden Tag wächst, und freue mich und will sie nicht gehen lassen. Mich nicht trennen. Nicht von ihr, aber auch nicht von meiner Mutterrolle. Ich habe mich auf vieles vorbereitet, als ich schwanger war, bloß nicht darauf, dass Kinderkriegen auch bedeutet, immer wieder Abschied zu nehmen.

Dabei ist doch genau das meine Aufgabe als Mutter. Die Beziehung, die man mit einem Kind hat, ist die einzige Form von Liebe, bei der es darum geht, den Menschen, den man liebt, so zu behandeln, dass er eines Tages gehen kann. Man muss sich nicht groß mit Psychoanalyse beschäftigt haben, um zu verstehen: Erwachsenwerden heißt, sich von den eigenen Eltern zu lösen. Irgendwann sollen sie nicht mehr in der Seele rumoren, nicht mehr die Instanz sein, die über alles entscheidet, nicht mehr die Arme, in die man läuft, sobald das Leben weh tut.

Ein Kind zu haben bedeutet loszulassen, Abschied zu nehmen, immer wieder und von Anfang an. Die Geburt, das allererste Abnabeln, ganz wortwörtlich, das Ende der Schwangerschaft. Das Abstillen. Das Krabbeln und Gehen. Jeder Schritt ein Schritt von den Eltern weg. Nicht immer fühlt sich das furchtbar dramatisch an. Ich habe es gemocht, meinen Körper nach dem Abstillen wieder für mich alleine zu haben. Ich habe mich schrecklich gefreut, als Fanny es zum ersten Mal geschafft hat, von einer Sofaecke zur anderen zu robben. Und ihre ersten Schritte, ausgerechnet am Weihnachtsabend, das schönste Geschenk überhaupt. Trotzdem mischt sich in die Freude immer wieder dieses Ziepen. Warum vergeht die Zeit plötzlich doppelt so schnell wie früher? Und woher kommen plötzlich all diese «eben nochs»? Hat sie nicht eben noch zum ersten Mal gelächelt und «Mama» gesagt? Bin das nur ich, oder kennen auch andere Eltern die Melancholie, die einen überfällt, sobald einem klarwird, wie schnell das Glück des Neuen wieder vorbei sein kann, wie schnell überhaupt alles vorbei sein kann, wie unendlich endlich alles ist? Noch zwei Mal blinzeln, und sie macht Führerschein. Drei Mal blinzeln, und ich bin Großmutter.

Rational betrachtet ist dieser Phantomschmerz nicht einmal erstaunlich: Nie zuvor in meinem Leben bin ich jemandem näher gewesen als diesem Kind, das ich geboren habe. Die Nächte, in denen sie auf meinem Bauch geschlafen hat. Die Kilometer, die ich auf dem ewig gleichen Trampelpfad durch die Wohnung mit ihr zurückgelegt habe, wenn sie nicht schlafen konnte, Fieber hatte, einen Zahn bekam. Wie sie sich beim Einschlafen noch immer in mich reindreht, sich so viel Körper und Wärme wie möglich besorgt und sich dann fallenlässt. Und all das soll irgendwann aufhören? All diese Innigkeiten sollen ein Verfallsdatum haben?

Natürlich haben sie das, so ist der Lauf der Dinge. Und trotzdem fühle ich mich schlecht, wenn jeden Mittwochnachmittag der Babysitter kommt, damit ich mal einen ganzen Tag arbeiten kann. Oder wenn ich sie in die Kita bringe. Obwohl sie sich auf den Babysitter freut und obwohl ich sehen kann, wie gut ihr die Kita tut, das Toben auf den Spielplätzen, das Mitfahren im Bollerwagen, die anderen Kinder und all das, was sie sich von ihnen abguckt, um es zu Hause stolz zu präsentieren. Sie schiebt sich zum Essen die Ärmel hoch, sie bringt das Glas zurück, wenn sie ausgetrunken hat, sie versucht, mitzusingen, wenn ich ihr etwas vorsinge – lauter Dinge, die sie schon nicht mehr von uns gelernt hat, und ich bin glücklich darüber.

Als ich wusste, dass ich ein Kind bekomme, habe ich mir zwei Dinge geschworen: dass es sich nie verlassen fühlen soll, vermutlich, weil ich mich als Kind immer wieder verlassen von der Welt fühlte. Und dass ich mich nicht ganz vergesse im Wir. Doch jedes Mal, wenn ich wahr mache, was ich mir vorgenommen habe, mir Zeit fürs Arbeiten organisiere, mich mit Freundinnen treffe, für ein paar Tage alleine wegfahre, wünsche ich mir nichts sehnlicher, als endlich wieder ein Wir zu sein.

Ich bin mir nicht sicher, ob das je aufhört. Immerhin wird es einfacher mit der Zeit. Manchmal ertappe ich mich schon dabei, wie ich es seltsam finde, dass niemand etwas von mir will. Die Abschiede in der Kita sind nicht mehr so dramatisch wie am Anfang, manchmal hat sie noch gar keine Lust, abgeholt zu werden, und will lieber noch ein bisschen spielen. Ich nehme es auch nicht mehr persönlich, wenn sie beschließt, lieber mit ihrem Papa zu spielen und mich nicht groß beachtet.

Vielleicht muss das alles ja auch genau so sein, und all die kleinen Abschiede sind das Trainingslager für den großen Abschied, der irgendwann kommen wird. Sie wird einen Mietkombi mit ihren Sachen einräumen, sie wird ungeduldig sein, weil sie in der Stadt, in die sie zieht, abends noch auf eine Party will, sie wird «Ach, Mama» sagen, wenn ich ihr noch einen Fünfziger in die Hand schiebe, damit sie genug Geld zum Tanken hat und um sich etwas zu essen zu kaufen, ich werde «Und ruf an, wenn du gut angekommen bist» sagen, wie meine Mutter es immer zu mir gesagt hat, und sie wird seufzen, wie ich geseufzt habe. Dann ist sie weg. Ich werde winken, viel länger, als sie mich im Rückspiegel sehen kann. Und ich werde dieses Kind, das ich wie nichts anderes auf der Welt liebe, gehen lassen, wie es sich gehört. Mit einem Lächeln. Das Glitzern in den Augen muss vom Heuschnupfen kommen.

15. Juni
Dinge, die mir mein Kind gezeigt hat
[Dass es überhaupt keinen Sinn hat, sich gegen die Liebe panzern zu wollen]

Ich habe aus meinen Gefühlen nie einen Hehl gemacht. Wer mit mir zu tun hat, weiß meistens, woran er bei mir ist. Trotzdem war da immer ein Panzer, ganz besonders bei den Menschen, die mir am wichtigsten waren. Kein Panzer, der einem auffallen würde, wenn man mich nicht kennt, keiner, mit dem ich mich nicht mehr bewegen konnte, aber ein Misstrauen dem Glück und der Liebe gegenüber, die Art Misstrauen, die man sich im Laufe des Lebens zulegt, wenn man von Menschen, die man sehr geliebt hat, nicht wirklich zurückgeliebt wurde. Dann kam er und hat mir gezeigt, dass man lieben kann, ohne dass es immer wieder weh tut. Und dann kam sie und hat mich weichgeliebt. Diese Weichheit möchte ich nie wieder hergeben, auch wenn sie mich kränkbarer, treffbarer, verletzbarer macht.

20. Juni

Liebe Fanny,

ich sitze im Café um die Ecke, in dem ich fast jeden Mittwochnachmittag sitze, wenn der Babysitter auf dich aufpasst, eigentlich wollte ich arbeiten, aber ich schreibe dir lieber. In den letzten Tagen ist so viel passiert, das ich gerne aufheben möchte. Im Moment kommt mir jeder Tag wie ein kleines Leben vor. Hier sind ein paar Polaroids aus den letzten Tagen:

Du sitzt in deinem Hochstuhl. Du schreist. Du willst die Ketchupflasche. Als du sie bekommst, schmeißt du sie auf die Erde. Jetzt willst du Pizza. Die Pizza, die auf meinem Teller liegt, nicht deine Pizza. Als ich dir ein Stück von meiner Pizza gebe, wirfst du sie gleich hinterher. Du schreist. Du willst auf den Arm. Ich nehme dich auf den Arm. Du willst runter. Du wirfst dich auf die Erde und weinst. Ich will dich trösten, aber ich darf dich nicht trösten, du willst nicht angefasst werden. Ich weiß, wie sehr du dich manchmal quälst, wenn du einen Zahn bekommst, aber so habe ich dich noch nie erlebt. Du schläfst kaum, drei Tage und Nächte lang, du weinst und wimmerst und weinst, dann bist du so erschöpft, dass du beim Frühstück auf dem Arm deines Papas einschläfst. Ich bin auch ganz furchtbar erschöpft. Ich bin so müde, dass ich mit deinem Vater eine Stunde lang darüber streite, dass er nie die Spülmaschine ausräumt. Ich weiß nicht, wie ich dich trösten kann. Ich weiß nicht, wie ich dir helfen soll, ich würde dir so gerne die verdammten Zahnschmerzen abnehmen und das Fieber, ich würde so gerne vorspulen, es hört ja immer wieder auf, nur hilft das jetzt gerade leider gar nicht, ich kann nur zusehen und dich halten, wenn du es willst, aber du willst nicht.

Ich hole dich vom Kindergarten ab. Weil so schönes Wetter ist, habt ihr den Tag auf dem Spielplatz verbracht. Du siehst noch nicht, dass ich komme und sitzt zwischen den großen Kindern und isst ein Brötchen. Du hast einen Sonnenhut auf und keine Hose an, bloß ein T-Shirt und eine Windel. Du isst dein Brötchen und sagst etwas zu deiner Freundin, das ich nicht verstehe, dann lachst du. Als du mich siehst, rennst du los und rufst «Mamaaa», mit dieser hohen Fannystimme, «Mamaaa».

Wir liegen im Bett, du willst nicht einschlafen. Ich habe dir zweimal «Die Raupe Nimmersatt» vorgelesen und dreimal «Piep Piep Piep», fast kannst du es schon auswendig, du sagst «Ssssssss», wenn die Schlange kommt, und «Nein», wenn ich die Seite mit der Steckdose aufschlage, und «Kuckuck» auf der Seite mit dem Kuckuck, deiner Lieblingsseite. Du bist hellwach. Also mache ich das Licht noch dunkler und sage «Gute Nacht, Fanny» und gebe dir einen Kuss. Dann lege ich mich hin und decke mich zu und tue, als würde ich schlafen und schnarche ein bisschen. Du legst dich auch hin und deckst dich auch zu und schnarchst, du sagst «Pfffffff». Dann lachst du so laut, dass ich mitlachen muss, obwohl ich versuche, nicht zu lachen.

Wir liegen im Dunkeln und lachen. Dann nimmst du deine Hand und streichelst meine Backe, du sagst: «Mama ei, Mama ei, Mama ei, Mama.» Und schläfst ein. Mitten im Satz. Die Hand noch auf meiner Backe.

Es ist unglaublich, wie völlig selbstverständlich all diese Gefühle nebeneinander existieren. Das Glück, die Müdigkeit, das Glucksen, das Sich-auf-die-Erde-werfen-und-Schreien. Noch unglaublicher ist, was für ein anderes Kind du nach jedem Kranksein bist. Eine Woche und vier neue Zähne später sprichst du plötzlich ohne Pause, du sagst «Huppsala» und «Papa, Arm!» und «Mama, nein!» und «Pizza». «Pizza» ist gerade mein Lieblingswort, «Pizza», wie du es aussprichst, «Pietzhaa». Nur saure Gurken liebst du noch mehr. Manchmal verlangst du beim Abendessen nach sauren Gurken, du zeigst so energisch auf den Kühlschrank, bis einer von uns beiden dich auf den Arm nimmt und die Kühlschranktür öffnet, dann zeigst du auf die Gurken und sagst «DAS!». Du isst eine Gurke, du sagst «mmmmhhh», dann sagst du «mehr», ich hole noch eine Gurke, du isst sie und sagst «dakke».

Stell dir jetzt vor, wie ich seufze und dir einen Kuss auf deine gurkengefüllte Speckbacke gebe, Fännchen.

Deine Mama

10. Juli
Dinge, die mir mein Kind gezeigt hat
[Wie aufregend die Welt ist, wenn man mal die Augen aufmacht und genau hinsieht]

Der Mond, der groß über der Straße hängt. Eine Kartoffel, die aussieht wie ein Herz. Eine pechschwarze Katze mit einem weißen Fleck über dem rechten Auge. Dieses Fenster auf dem Weg zur Kita, in das irgendwer jeden Morgen einen neuen Zettel mit einem neuen Satz hängt: «I love you, too», «Hang On To Your Emotions», ist das nicht ein Lou-Reed-Song?, «Come on!» – ein Fenster wie ein Glückskeks, jeden Morgen die Neugier, was heute wohl im Fenster stehen wird, hängt mal kein Zettel da, fehlt etwas.

16. Juli
Eine unvollständige Liste neuer Gefühle

✷ Alarmiertheit, die: am Verstand vorbei autonom funktionierendes Warnsystem, das auch über zwei und mehr Zimmer oder Kilometer hinweg sofort anschlägt, sobald sich der Nachwuchs in reale oder vermeintliche Gefahrensituationen begibt oder auch nur begeben könnte. *Auch:* die Fähigkeit, über mehrere Zimmer hinweg und mitten aus dem Tiefschlaf heraus zu hören, wenn das Kind aufwacht, bevor es überhaupt einen Mucks von sich gegeben hat (s. auch Standleitung, s. auch Auffällige Stille, s. auch Ich glaub, das Kind ist wach).

✷ Kann-ich-vielleicht-mal, das: dringendes Verlangen,

einen Kaffee zu trinken, auf die Toilette zu gehen, zu duschen, eine E-Mail zu beantworten oder ein Telefonat zu führen, ohne dabei gestört oder wiederholt unterbrochen zu werden, sich oftmals mit den Worten «Kann ich vielleicht mal ...» äußernd, häufig auch in Kombination mit einer konkreten Zeitangabe wie «fünf Minuten» (s. auch Fünf-Minuten-Sehnsucht), den Worten «nur mal» oder leichten bis mittelschweren Flüchen (s. auch Aufgabenteilung, s. auch Und wo bleibe eigentlich ich?).

✶ Herdenwärme, die: extrem gesteigerte Form des Zusammengehörigkeitsgefühls, von manchen Müttern und Vätern als ein Gefühl «tief innen» beschrieben, das durch Mikro-Ereignisse wie Kinder-Lachen oder gemeinsames Herumfläzen auf einem Sofa ausgelöst wird und gegen Alltagsnickeligkeiten, Streit und Müdigkeitsgemuffe immunisiert (s. auch Wir, s. auch Große Gefühle, s. auch Liebe).

✶ Kochglück, das: in den Monaten nach der Geburt des Kindes anschwellendes Glücksgefühl beim Zubereiten von Speisen, insbesondere von Süßspeisen, auch manifestiert im plötzlich auftretenden Wunsch nach einer Küchenmaschine, anständigem Geschirr und einer mit Vernunft nicht ansatzweise zu erklärenden Tablett-, Schüssel- und Kochbuchansammlung (s. auch Backglück, s. auch Energiezufuhr, s. auch Nestbautrieb).

✶ Löwenmutterhaftigkeit, die: nach der Geburt eines Kindes stetig wachsendes Gefühl, das sich vornehmlich in realen oder vermeintlichen Gefahrensituationen manifestiert, in denen die Mutter ihr Junges beschützt, beispielsweise durch das Anpöbeln von Fahrradfahrern auf dem Bürgersteig, Anstarren oder Zurechtweisen sich vermeintlich oder tatsächlich schlecht benehmender Kinder und/oder ihrer vermeintlich oder tatsächlich tatenlos zusehenden Mütter und Väter (s. auch Schaufelklau, s. auch Schaukelklau, s. auch Rutschenvordrängler). Löwenmutterhaftigkeit äußert sich auch durch Zurechtweisungen erwachsener Mitmenschen, beispielsweise durch den Hinweis, dass Flaschen, Zigaretten und Hundehaufen nicht auf die Straße, den Spielplatz, die Wiese oder den Park, sondern in einen Mülleimer gehören, bei besonderer Reizung der Löwenmutter auch ergänzt durch die Ausdrücke «Ey!», «Geht's noch?» und «TSCHULDIGUNG?» in Kombination mit «Hier spielen KINDER!» (s. auch Reizbarkeit, s. auch Nicht mit mir, s. auch Löwenpapahaftigkeit, s. auch Tief durchatmen).

✶ Muttermüdigkeit, die: extreme Art der körperlichen Erschöpfung, von der manche Mütter berichten, dass sie sich nicht wegschlafen ließe, weil diese Art der Müdigkeit auch in den Knochen und im Herzen sitzt. Mögliche Nebenwirkungen von Muttermüdigkeit sind: Ungeduld, Reizbarkeit, leichte bis schwere Streitsucht, die Neigung, Dinge tendenziell eher negativ zu betrachten, Schokoladenhunger und Dünnhäutigkeit. Der Muttermüdigkeit entwachsene Frauen berichten, dass sie mit zunehmendem Alter des Kindes deutlich abnimmt, um erst im Teenageralter punktuell wiederzukehren (s. auch Schlaflose Nächte, s. auch Papamüdigkeit).

✶ Schlafneid, der: postnatal stetig wachsende Emotion, die sich vornehmlich dem Partner oder der Partnerin gegenüber manifestiert, der/die a) nicht stillt und deshalb durchschlafen kann, b) unter gar keinen Umständen je aufwacht und deshalb durchschlafen kann, c) schnarcht und dadurch für noch weniger Schlaf sorgt, d) morgens ausgeschlafen fragt, ob man denn auch so gut geschlafen hätte (s. auch Aufgabenteilung, s. auch Weißglut).

✳ Umwerfbarkeit, die: nach positivem Schwangerschaftstest anschwellendes Gefühl, das sich in niederschwelligem und ausgeprägtem Weinen ausdrückt, ausgelöst etwa durch a) niedliche Werbung im Fernsehen, b) traurige Filme im Fernsehen, c) schöne Filme im Fernsehen, d) Regen, e) den Anblick von winzig kleinen Babysöckchen, f) den Anblick des ungeborenen Kindes beim Ultraschall, g) den Anblick fremder Babys und Kinder, h) die Nachrichten, i) das Nichtvorhandensein von Schokolade, j) Diskussionen mit Partnern, Freundinnen, Eltern oder Servicemitarbeitern der Deutschen Bahn, k) traurige Songs, l) schöne Songs. *Auch*: nach der Geburt anschwellendes Gefühl, das sich vornehmlich in der Überzeugung ausdrückt, dass a) dieses Kind nie wieder aufhören wird zu schreien, b) erst mit 16 durchschlafen wird, c) nie wieder aufhören wird zu zahnen, d) nie wieder aufhören wird, sich auf die Erde zu schmeißen und zu brüllen. *Auch*: nach der Geburt anschwellendes Gefühl, das sich durch Seufzer des Entzückens äußert, ausgelöst durch a) das allgemeine Wunderbarsein des eigenen Kindes, b) das ganz besondere Wunderbarsein des eigenen Kindes, c) seine winzigen Füßchen, d) sein Gurren, e) seine kleinen Finger, f) seine Augen, g) seinen Ich-hab-Hunger-Blick, h) seinen Ich-bin-satt-Blick, i) seinen Geruch, j) sein Lachen, k) sein Gucken, l) sein «Mama»-Sagen, m) sein «Papa»-Sagen, n) sein Krabbeln, o) sein Gehen, p) seine Schlafposition (s. auch Wasserwerk).

✳ Unumwerfbarkeit, die: bei und nach der Geburt des

Kindes unerwartet auftretende Kräfte, die den Mutterkörper dazu befähigen, die Geburt durchzustehen und die den Mutter- und Vaterkörper dazu befähigen, a) trotz anhaltendem Schlafentzug weiterhin einem geregelten Tagesablauf nachzugehen, b) bei eigener Krankheit weiterhin das Kind zu betreuen und zu bespaßen, c) beim Anblick einer Riesenbeule, von Schnittwunden, Spuren unschöner Begegnungen mit Tischkanten, Asphalt, Schubladen und Türen nicht selbst laut aufzuschreien, sondern den Schmerz mit Bedacht wegzupusten und zu verarzten (s. auch Zähigkeit, s. auch Beule, s. auch Geht ja alles immer irgendwie).

✴ Verwunderung, die: in der Schwangerschaft, spätestens kurz nach der Geburt auftretende Irritiertheit über die unzähligen und mit großer Vehemenz vorgetragenen Dinge, die eine Mutter tun und lassen sollte (s. auch Nicht-dein-Bier), zum Beispiel: das Kind ohne PDA zu gebären; das Kind mit einem Kaiserschnitt auf die Welt zu bringen; das Kind zu stillen; nicht zu stillen; zu früh abzustillen; zu spät abzustillen; in der Öffentlichkeit zu stillen; nicht in der Öffentlichkeit zu stillen; Babybrei zu kochen; Gläschen zu kaufen; Plastikwindeln zu benutzen; Stoffwindeln zu benutzen; das Kind im eigenen Bett schlafen zu lassen; das Kind nicht im eigenen Bett schlafen zu lassen; einen Kaffee zu trinken (s. auch Latte-macchiato-Mütter); das eigene Kind zu fördern; das eigene Kind nicht (genug) zu fördern; zu streng zu sein; nicht streng genug zu sein; zu früh wieder arbeiten zu gehen; zu spät wieder arbeiten zu gehen; überhaupt arbeiten zu gehen; nicht arbeiten zu gehen; das Kind zu verwöhnen; das Kind nicht genug zu verwöhnen; das Kind in den Kindergarten zu schicken; das Kind nicht in den Kindergarten zu schicken; das Kind zu früh in die Kita zu schicken; das Kind zu spät in die Kita zu schicken; dem Kind nur Bio-Essen zu geben; dem Kind kein Bio-Essen zu geben; sich selbst zu wichtig zu nehmen; sich selbst nicht wichtig genug zu nehmen; zu existieren (s. auch Prenzlauer-Berg-Mütter).

17. Juli

Liebe Fanny,

wo fange ich an? Vielleicht bei diesem Moment vorhin. Du hast auf dem Esstisch gesessen, dir den Salzstreuer geschnappt und das Salz großzügig über den Tisch verteilt. Du warst sehr konzentriert dabei. Als du fertig warst, hast du in die Hände geklatscht und «mmmm-mhhhhh» gesagt. Dein Papa hat mitgeklatscht und «der Tisch musste sowieso mal gesalzen werden» gesagt, du hast «mehrmehrmehr» gesagt und mehrmehrmehr Salz auf dem Tisch verteilt, dann hast du dich zu mir gedreht und «Tisch, mmmmhhhhh» gesagt. Du und das Salz und der Tisch und dein Papa und die Riesensauerei, du kannst dir gar nicht vorstellen, wie froh ich in diesem Moment war. Wie schön es ist, wie du dich freust. Es gibt nichts zwischen dir und der Freude, weißt du? Wenn du dich freust, bist du nur Freude. Und du freust dich über so vieles. Du freust dich, Salz zu verstreuen. Dein Messer in die Butter zu tauchen und dein Brot zu schmieren, ganz alleine. Die Seite in «Gute Nacht, Gorilla» aufzuschlagen, wo alle Tiere «Gute Nacht» sagen, du liebst es, wenn ich mit ganz hoher und ganz tiefer Stimme «Gute Nacht» sage. Alle Socken aus dem Korb zu räumen. Bär eine Windel zu machen. Die Pizza mit Käse zu bestreuen. Dich im Schrank zu verstecken. Den Wasserhahn auf- und wieder zuzumachen. Du freust dich jedes Mal so sehr, wie man sich freut, wenn man etwas zum ersten Mal tut. Du schaffst es, ich weiß nicht wie, die Dinge immer wieder zum ersten Mal zu machen.

Es ist aber nicht nur schön, dir zuzusehen, wie du dich freust. Es ist auch schrecklich heilsam. Letzte Woche, meine Laune war schrecklich, bist du auf den Balkon gerannt, als es angefangen hat zu regnen. Du hast deine Hand ausgestreckt und sie in den Regen gehalten, du hast «nass» gesagt und «Tropf, Tropf». Du hast jedem Tropfen nachgelacht, der auf dir gelandet ist. Dann hast du meine Hand genommen und sie in den Regen gehalten. So ist das mit dir, Fanny. Du bringst mir mindestens so viel bei wie ich dir. Wie das geht mit dem Sichfreuen. Mit dem Regen und dem Leben, zum Beispiel.

So wie du dich freust, bist du übrigens auch sauer. Du bist so gründlich sauer, dass wir uns manchmal umdrehen müssen, damit du nicht siehst, wie wir beide grinsen, während du in hohem Bogen deinen Teller auf die Erde schmeißt. Weil ich mich erdreistet habe, dir ein Stück Gurke auf deine Gabel zu spießen. Deine Gurke. Mit deiner Gabel. Von deinem Teller. Von null auf Tellerwurf schaffst du es in zwei Sekunden. Dazu legst du deine Stirn in «Ich bin sauer»-Falten. Und es sind haargenau die gleichen «Ich bin sauer»-Falten, die ich immer habe, wenn ich mich ärgere. Kannst du mir sagen, wie ich es da hinkriegen soll, streng zu gucken, wenn ich dir sage, dass man Essen nicht auf die Erde wirft?

Noch mehr kleines, großes Glück: Wie du deinen Papa an die Hand nimmst, wenn er dich ins Bett bringt, euer heiliges Ritual. Wie du dich bei deinem Papa über mich empörst und dafür nur zwei Worte brauchst, «Papa, MAMA!» Wie du dich manchmal (und nie, wenn ich es gerade so gerne möchte) an mich schmiegst, wie du deine Arme um meinen Hals wickelst und deinen Kopf in meine Halskuhle gräbst. Wie du dich nach dem Aufwachen noch anschmiegst, zehn Minuten, manchmal länger, bevor du wach bist und nicht mehr geschmust werden willst, jedenfalls nicht andauernd. Wie du vorm Einschlafen manchmal Rede-Flashs hast, Fannymonologe, lange, aufgeregte Geschichten, alle paar Worte sagst du «Kita» und «Bär» und «Rutsche» und «Papa», dann schläfst du ein. Deine Hartnäckigkeit, du gibst nie auf, wenn du etwas haben oder machen willst. Wie du meinen Finger gepustet hast, als ich mich geschnitten habe vor ein paar Tagen. Und wie du dann auch ein Pflaster wolltest, genau auf die gleiche Stelle.

Liebstes Fännchen, falls das Leben dich mal ärgert, falls du einen doofen Tag oder eine doofe Woche hast, falls es draußen (oder in dir) mal regnet: Denk an das kleine

Mädchen, das auf dem Balkon steht und seine Hände nach den Tropfen ausstreckt. Es hilft gegen alles. Ich schwöre.

Deine Mama

8. August
Wieder Paris, wieder ein Haustausch. Eine kleine Wohnung im 18. Arrondissement, vom Spielplatz aus sieht man Sacré-Cœur. Die Tochter unserer Haustausch-Familie hat Fanny ein fabelhaftes kleines Kinderzimmer hinterlassen mit einem kleinen Tisch und einem kleinen Kinderservice, mit «Trotro»-Büchern und einem pinken Roller. Gegenüber unserer Wohnung befindet sich einer der besten Käseläden der Stadt, hat unsere Haustausch-Partnerin gesagt, und sie hatte recht. Die Menschen in diesem Laden sprechen den Namen jeder Käsesorte aus wie ein Gebet. Erst habe ich darüber gegrinst, meine Güte, es ist doch nur Käse, dann habe ich probiert. Und der Bäcker an der Ecke. Egal, wann ich runtergehe (und ich gehe oft), um ein Baguette zu kaufen oder ein Brot mit Feigen, die Schlange geht immer hinaus bis auf die Straße. Ich würde auf dieses Baguette ewig warten, ich habe nie ein besseres gegessen (und es ist immer noch heiß, wenn ich es kaufe). Fanny habe ich mit meiner Gier schon angesteckt, «Boooot», sagt sie beim Aufwachen, «Booooot», dann ziehen wir uns an, gehen runter, stellen uns an und kaufen «Booooot». Die Verkäuferin schenkt Fanny jedes Mal ein Stückchen Brioche.

Sie ist viel weniger aufgeregt, als ich dachte. Nach zwei Tagen geht sie den Weg zum Spielplatz, als würden wir hier schon ewig leben, aufgeregt ist sie eigentlich nur, wenn wir in den Supermarkt gehen, weil sie dann wieder im Wagen sitzen und die Einkäufe hinter sich werfen kann. «Tu veux jouer avec moi?», hat heute ein kleiner Junge auf dem Spielplatz gefragt, und Fanny nickte und ging mit ihm spielen. So einfach ist das, es braucht nicht einmal eine gemeinsame Sprache dazu.

Jetzt, wo ich einmal Pause mache, fällt mir auf, wie alle ich bin. Ich bin schrecklich froh, hier zu sein, ich möchte hundert Dinge tun, an der Seine spazieren gehen, einkaufen, eine gute Hose finden, und kann mich doch nur dazu aufraffen, aufzustehen und auf den Spielplatz zu gehen. Also sitzen wir auf dem Spielplatz und gucken Fanny beim Rutschen zu und gehen in Montmartre spazieren, Straße rauf, Straße runter, und es fehlt gar nichts zum Glück. Den Eiffelturm dann vielleicht am Wochenende, vielleicht auch nicht. Manchmal reicht es schon, bloß am offenen Fenster zu sitzen, nicht mal rauszusehen, bloß rauszuhören, der fremden Stadt zu. High-Heel-Gestöckel, ein Krankenwagen, ein Kind, das lacht, das Gemurmel aus dem Bistro, die Menschen in der Schlange vorm Bäcker, die sich unterhalten. Wie viel die Menschen hier reden, alle reden immerzu, die Musik aus der Wohnung gegenüber, das Bimmeln der Montmartre-Bahn, ein Mofa.

12. August
Dinge, die mir mein Kind gezeigt hat
[Öfter mal was Altes]

Wie lecker Waldmeister-Brause schmeckt. Hatte ich fast schon vergessen.

17. August

1. Ich kann mich nicht daran erinnern, meinen Körper je anders als kritisch betrachtet zu haben. Dabei muss es in meinem Leben eine Zeit gegeben haben, in der ich so herumgerannt bin wie Fanny jetzt, wenn sie vor Freude hüpft, tanzt, hinfällt und wieder aufsteht oder in Arme läuft. Aber ich habe vergessen, wie diese Zeit für mich war, die Zeit, in der man einfach nur ein Körper ist, der sich nicht fragt, ob er gut ist, so wie er ist.

In meinen ersten Erinnerungen an meinen Körper bin ich schon nicht mehr eins mit ihm. Es sind Erinnerungen an einen Fast-Frauen-Körper, der nicht weiß, wohin mit sich. Die Mädchen in meiner Klasse haben schon Brüste, ich noch keine, und als mir endlich auch welche wachsen, möchte ich doch lieber keine haben. Mir werden alle möglichen Dinge nachgesagt: dass ich musikalisch bin und sportlich, eine gute Läuferin und eine gute Weitspringerin. Auf die Idee, mich hübsch zu nennen, kommt niemand, am allerwenigsten ich selbst. Irgendwann attestiert mir die Mutter einer Mitschülerin halb spaßig, halb verächtlich «Riesendinger». Die Worte und die Scham, die sie in mir auslösten, blieben noch viele Jahre lang. Bis heute habe ich das Wort nicht ganz abgeschüttelt. Damals traf es mich mitten ins Herz oder in die Magengrube oder wo auch immer die Selbstzweifel sitzen – ich fand ja ohnehin schon viel zu vieles riesig an mir: mein Kreuz, meine Nase, meine Oberschenkel, mein Becken (das ein Junge, in den ich verknallt war, mal «gebärfreudig» genannt hatte, noch so ein Wort, das blieb). Und wenn mein Körper etwas Gutes tat, wenn er schnell lief, weit sprang, Geige spielte, fühlt es sich fast immer wie ein Test an, den es zu bestehen galt. Wie ein Beweis, den er anzutreten hatte. Das machte die Leichtigkeit gleich wieder schwer.

2. Ich kenne viele tolle, selbstbewusste, unglaublich schöne Frauen, aber mir fällt keine einzige ein, die von sich selbst sagt, dass sie sich schön findet oder auch nur zufrieden mit sich ist. Alle mustern sich selbst mit diesem ungnädigen Blick, den ich auch kenne – mit einem Blick, der immer nur sieht, was nicht da ist, und niemals: was da ist.

3. Ich war gerne schwanger. Es kam mir wie ein Wunder vor, dass in meinem Körper ein kleiner Mensch wuchs, ein Mensch mit Händen und Füßen und Augen und Ohren und einem wildschlagenden Herzen. Dass mein Körper wusste, was zu tun war, dass er diesen kleinen Menschen so lange in sich geborgen hielt, bis er bereit war, auf die Welt zu kommen. Ich mochte meinen Bauch, der wuchs und wuchs. Ich war selten so eins mit mir wie in den Monaten, in denen ich zu zweit in meinem Körper war.

4. Außer an den Tagen, an denen ich überhaupt nicht glücklich mit ihm war. Einer dieser Tage war eine Routine-Untersuchung im achten Monat bei meiner Frauenärztin. Sie sagte, dass ich ganz schön zugelegt hätte, achtzehn Kilo, und ob ich denn nicht mal weniger Süßkram essen wolle. Ich fragte, ob sie gesundheitliche Bedenken hätte, nein, sagte sie, man werde das Babyfett nach der Geburt nur so schrecklich schwer wieder los, das sei halt auch eine Frage der Disziplin. Ihre Sätze brachten mich zum Weinen, nicht in der Praxis, aber schon auf dem Nachhauseweg. Ich weinte, weil ich wusste, dass sie recht hatte – ich hatte ja wirklich mächtig gefuttert. Ich weinte auch, weil es genau wie damals nur ein Wort gebraucht hatte, um mich ins Wanken zu bringen: Babyfett. Und weil mir mitten im Weinen klarwurde, was ich da eigentlich dachte. Es gab ja einen guten Grund für mein Riesigsein, einen, der in meinem Bauch gerade Schluckauf hatte.

5. Meine Mutter hat ihre Schwangerschaften noch unter weiten Kleidern und T-Shirts versteckt. «Man war schwanger, aber das zeigte man nicht», hat sie mir neulich gesagt. Ich antwortete ihr, dass sich das ja wohl geändert hätte, «denk nur mal an das berühmte Demi-Moore-Cover mit ihrem schwangeren Bauch oder an Kim Kardashian im Bikini mit ihrem herrlichen Riesenbauch». Meine Mutter wusste nicht, wer Kim Kardashian ist. Und ich bin mir inzwischen auch nicht mehr so sicher, ob sich in den gut 30 Jahren, die zwischen der letzten Schwangerschaft meiner Mutter und meiner eigenen liegen, tatsächlich so viel verändert hat. Natür-

lich kann man heute zeigen, dass man schwanger ist. Aber Spuren soll eine Schwangerschaft bitte nicht hinterlassen.

Eine Freundin erzählte mir neulich, dass es in Amerika den Trend gäbe, Kinder einige Wochen vor dem Geburtstermin per Kaiserschnitt auf die Welt zu holen, weil Babys in den letzten Wochen am stärksten an Gewicht zulegen. Ich habe ihr nicht geglaubt. «Doch», sagte sie, «wirklich wahr.»

6. Frei von blödsinnigen Gedanken bin ich allerdings auch nicht. Meine zehn Extrakilos verschwanden nach der Geburt auch mit dem Stillen nicht, das waren sehr beharrliche Kilos. Eine Weile versuchte ich es mit einer Fitness-DVD, die versprach, aus dem weichen Post-Schwangerschafts-Bauch wieder einen Prä-Schwangerschafts-Bauch zu machen. Dann siegte die Müdigkeit, und ich schlief lieber, wenn ich die Gelegenheit dazu hatte. Irgendwann probierte ich aus Spaß meine alte Lieblingsjeans an, keine Ahnung, warum ich mir eingebildet hatte, wieder in sie reinzupassen. Ich bekam nicht einmal den Reißverschluss zu und verfluchte meinen Bauch, meinen Po und meine Schenkel, die Spuren meiner Schwangerschaft.

7. Dann verfluchte ich mich. Hätte ich halt mal trainiert, statt Scherze über meinen Hintern zu reißen.

8. Stimmt, ich war faul. Vor allem war ich müde. Dabei war mir mein Aussehen nicht gleichgültig – es gab in

dieser Zeit nur einfach wichtigere Fragen für mich als die, ob ich bikinifit bin.

9. Heute ist da noch ein anderes Gefühl. Es kam ein paar Monate nach der Geburt und ist geblieben. Obwohl mein Körper immer noch runder und unfitter als früher ist, habe ich ihn nie so gemocht wie jetzt. Vielleicht, weil ich finde, dass das alles schon okay so ist, wie es ist. Vielleicht, weil ich nicht mehr so häufig über mein Aussehen nachdenke. Vielleicht, weil mir klarer ist als früher, was dieser Körper alles kann. Er hat ein Kind auf die Welt gebracht und dieses Kind ernährt. Er ist ein Kraftwerk. Klar, er ist auch verletzlicher als früher, nicht bloß, weil er weniger Reserven hat und viel öfter krank ist. Ihn trifft mehr, als ihn früher treffen konnte, aber dafür sind die Gefühle, die er sich ausdenkt, auch genauer und wachsamer und weicher. Das ist anstrengend und schön. Mir gefällt dieser Körper besser als der von früher. Er ist noch immer ein paar Kilo schwerer, er hat Schwangerschaftsstreifen, er hat Brüste, die eine Nummer kleiner sind als früher, und einen Bauch, der schon mal fester war. Aber ich fühle mich endlich zu Hause in ihm.

10. Und noch etwas ist geschehen, seit ich mich nicht mehr ständig frage, was jemand denken könnte, wenn er mich sieht, und mich nicht mehr ständig frage, was ich selbst denke, wenn ich mich sehe: Ich habe deutlich mehr Spaß. An Mode, an Kosmetik, mit mir. Ich habe mir die Haare kurz geschnitten (das habe ich mich lange nicht getraut). Ich trage goldene Boots und orangeroten Lippenstift, weil ich finde, dass mir das steht. Ein bisschen ist das

wie mit dem Tanzen. Jahrelang habe ich mich nicht getraut, weil ich nicht gerade ein Naturtalent bin. Aber wen interessiert das schon, sobald die Musik angeht und der Song kommt, den du so magst. Wie singt Lady Gaga so schön, so voll auf die Zwölf? *Just Dance.* Unglaublich, dass ich dafür 35 Jahre und ein Kind gebraucht habe.

22. August

Liebe Fanny,

ich weiß nicht, wie alt du bist, wenn du diesen Brief liest. Vielleicht gebe ich ihn dir, zusammen mit den anderen Briefen, an deinem 18. Geburtstag. Vielleicht gebe ich sie dir auch, wenn du zu Hause auszieht. Jetzt sitzt du vielleicht da und trinkst einen Kaffee oder ein Bier und fragst dich, wie es war, dieses kleine Mädchen von 21 Monaten.

Unglaublich schön ist es, mein Fännchen. Und ich meine nicht mal deine blauen Augen und diesen unfassbaren kleinen Mund, der aussieht, als hätte man ihn mit einem Pinsel aufgemalt, und auch nicht deine großen, hinreißenden Fannyfüße. Ganz egal, ob du gute Laune hast oder schlechte, ob du müde bist oder auf deiner Matratze stehst und hüpfst und deinen Fannytanz tanzt – da ist etwas in dir, das leuchtet. Wie soll ich es beschreiben? Da ist so gar nichts Taktisches in dem, was du tust. Du bist einfach nur du, glücklich, aufgeregt, überdreht, hungrig, müde, total drüber –

aber immer auf eine Weise heile, die einem beim Zusehen fast weh tut. Ich weiß, dass das Leben schon irgendwann kommen wird mit all seinen Anstrengungen und Notwendigkeiten und Schmerzen, trotzdem glaube ich, nein, ich weiß, dass du dieses Leuchten behalten wirst, es ist einfach in dir. Man fühlt sich leichter in deiner Gegenwart, ein bisschen heller und sehr ganz, Fanny. Oder: «Anny», wie du gerade immer sagst, das F hast du noch nicht gefunden. Du kannst sagenhaft gut herumlümmeln. Auf dem Sofa liegen, ein Buch lesen, mit deinem Papa eine Folge «Trotro» gucken, ein Haus bauen, den ganzen Nachmittag lang. Und du bist so liebevoll. Gestern, als du nicht schlafen wolltest, hast du mich ins Bett gebracht. Du hast «Mama, Bett» gesagt, ich musste meinen Kopf aufs Kopfkissen legen, dann hast du mich zugedeckt und mir einen Kuss gegeben und noch einen, du hast dich neben mich gelegt und meinen Arm gestreichelt und «pssssst» gesagt. Ein Quatschmacher bist du auch. Manchmal wirfst du dich beim Hopsen auf dem Sofa nach hinten, lässt dich fallen und sagst «Au-au», dann lachst du, viel tiefer, als man es von einem kleinen Mädchen erwarten würde, und springst auf, wenn wir kommen, um ganz doll zu pusten. Manchmal versteckst du dich im Schrank, du machst die Tür zu und tust, als würdest du schlafen, bis du es nicht mehr aushältst und «Anny, PIEP» sagst, dann muss ich die Tür aufmachen und vor Überraschung ganz laut schreien.

Das schönste Andenken, das ich aus unserem Paris-Urlaub mit nach Hause nehme: die Erinnerung an unsere kleine Party. Wie hatten etwas zu feiern, deshalb sind wir essen gegangen. Du hast deinen eigenen Stuhl bekommen, keinen Hochstuhl, sondern einen ganz normalen (und wie stolz du warst, «Mama Stuhl!, Papa Stuhl! Anny Stuhl!»), und einen eigenen Teller und eine eigene Ketchupflasche für deine Pommes, die Kellnerin war ein bisschen verliebt in dich. Zwischendurch sind wir die Straßen rauf und runter gerannt, du hast mich gejagt und ich dich, und wir haben auf dem Automaten für die Leihfahrräder alle Tasten gedrückt, dann haben wir Orangina getrunken und «Prost» gesagt (vielleicht dein liebstes Wort gerade), draußen war es schon lange dunkel und du hellwach. Bevor du in meinem Arm eingeschlafen bist, hast du mir noch von deinem Tag erzählt, von deinem Stuhl und deinem Teller, von den Pommes und von Dingen, deren Bedeutung nur du kennst. Als du eingeschlafen bist, habe ich noch eine ganze Weile im Dunkeln neben dir gelegen, vor dem Fenster Paris und die Nacht und du neben mir, schon so groß, dass deine Füße im Liegen an meine Knie kommen.

Kannst du es dir vorstellen, das kleine, große Mädchen von 21 Monaten? Stoß auf dieses Mädchen an und sag «Prost».

Es küsst dich
deine Mama

28. September
Sie liegt ganz still da und glüht. Mitten in der Nacht ist sie zu uns unter die Decke geschlüpft und hat sich eingerollt, wie sie es nicht mehr allzu häufig macht. Sie hat im Schlaf geweint, ein leises Fieberwimmern, wenn es ihr wirklich schlecht geht, wird sie immer sehr leise. Ich kann nicht viel mehr tun, als sie im Arm zu halten, ihr zu sagen, dass sie tapfer ist und ich da bin. Ich kann ihren Schmerz nicht kleiner machen, und ich hasse es, dass ich es nicht kann, ich würde sofort mit ihr tauschen, aber das geht ja nicht. Also liege ich bei ihr und mache ihr einen Teller mit Apfelschnitzen, die sie kaum anrührt, schüttle ihr Kissen auf, damit es wenigstens gemütlich ist, und lese ihr ihre Lieblingsbücher vor, bis ich denke, dass sie eingeschlafen ist, und mich bloß ein leises Protestseufzen wissen lässt, dass sie doch noch wach ist.

Mittlerweile ist sie nur noch selten klein, sondern fast immer entschieden groß. Klein ist sie nur noch, wenn sie müde oder krank ist. Wie jetzt. Und dann wird auch mein Gefühl ganz klein. Erstaunlich, wie schwach und hilflos einen so ein kleiner Mensch macht. Wie mies es sich anfühlt, nichts tun und nichts verhindern zu können. Und du weißt: Das wird immer so bleiben, egal, was dein Kind in Zukunft überfällt. Du kannst ein Arm sein und ein tröstendes Flüstern, du kannst ihm sagen, wie irre toll es das macht. Aber tapfer muss dieser kleine Mensch für sich ganz alleine sein.

Und dann geht das Fieber so plötzlich, wie es gekommen ist, und das kranke Mädchen will raus und schaukeln und Laugenbrötchen zum Abendbrot und auf meinem Stuhl sitzen statt auf ihrem Hochstuhl, und sie will Ketchup, viel mehr Ketchup, und Küsse gibt es heute leider auch keine mehr, neinneinnein. Ja, mein Schatz.

5. Oktober
Dinge, die mir mein Kind gezeigt hat
[Den Blick auf die Dinge locker zu machen]

Dieses Buch ist gar kein Buch, sondern ein Flugzeug. Und dieser Stock ist kein Stock, sondern eine Angel. Der Baum? Ein Riese! Und die Zuckerwatte? Eine Wolke, die man essen kann! Und wenn der Tag kommt, an dem sie darauf besteht, dass ein Haus ein Haus ist, ein Mensch kein Hund und eine Bettdecke kein Zelt, sondern bloß eine Bettdecke, dann werde ich ihr leider widersprechen müssen.

17. Oktober

Liebe Fanny,

heute morgen wollte ich die Tafel abwischen, auf der wir immer notieren, was gerade einzukaufen ist, *Spültabs, Ketchup, Kaffee,* stand da, und ein bisschen tiefer, gleich darunter, eine 1, eigentlich nur noch zu erkennen, wenn man weiß, was da einmal gestanden hat. Heute vor zwei Jahren stand da 40. Mein Bauch war schon riesig und du so groß, dass ich bequem Gläser auf meinem Bauch abstellen konnte. Ich war schon ein bisschen ungeduldig, ungeduldiger als ich war nur dein Vater. Jeden Abend hat er mit dir geredet. Und jeden Morgen. Manchmal sogar nachts, wenn er gedacht hat, dass ich ihn nicht höre. Und immer, wenn er in meinen Bauch geflüstert hat, bist du gehüpft, jedenfalls hat es sich so angefühlt (lustig, heute hüpfst du noch immer, wenn du dich über etwas freust, du sagst «hops, hops» und springst durch die Wohnung). Damals haben wir die Tage bis zum Geburtstermin heruntergezählt, jeden Morgen die alte Zahl weggewischt und eine neue hingeschrieben, die 9, die am Ende auf der Tafel stand, habe ich noch Wochen später nicht wegwischen können. Und als ich heute die 1 wiedergefunden habe, unter dem Ketchup und dem Kaffee, die 1, die da irgendwann einmal gestanden haben muss, als du noch gar nicht auf der Welt warst, 100 und ein paar Tage vor deiner Geburt, habe ich versucht, mich an die Zeit zu erinnern, als du noch nicht bei uns warst.

Es ist mir ziemlich schwergefallen. Du bist so sehr da, dass ich mir kaum vorstellen kann, dass es tatsächlich mal eine Zeit gab, in der wir zu zweit und nicht zu dritt waren. Was mir dann noch eingefallen ist: Es gab nicht einen einzigen Tag mit dir, den ich nicht geliebt habe. Es gab anstrengende Tage, Tage, an denen ich vor Überforderung geheult habe, Tage, an denen du krank warst und wir krank waren, aber nicht krank sein durften, weil du doch krank warst, Tage, an denen ich schon morgens am liebsten desertiert wäre, und Morgen, an denen ich schon vor dem ersten Kaffee dachte, jetzt kracht die ganze Welt zusammen. Manchmal war ich so müde, dass es richtig weh getan hat. Aber selbst an Tagen wie diesen warst da immer noch du. Selbst an Tagen wie diesen war das Gefühl, das unter allem lag, wie ein dicker Teppich, immer Liebe.

Es macht mich glücklich, wenn du auf meinem Schoß sitzt, alle meine Aquarellstifte auf meinem Schreibtisch ausschüttest, nach einem Glas Wasser verlangst und dann anfängst zu malen, fast immer eine Rutsche, manchmal eine Katze, Kreise, Striche. Hinterher nimmst du einen Pinsel, tauchst ihn in das Glas und setzt das Blatt und den Schreibtisch unter Wasser, weil ich dir mal gezeigt habe, dass man die Striche mit Wasser verwischen kann. Es macht mich glücklich, wenn du dich mit mir aufs Sofa legst und dir in meinem Arm ein Buch ansiehst und meine Hand hältst, einfach so. Manchmal sagst du «Ohhh». Oder «Löwe suchen». Oder «Oh, nein, Mama, Hund, AUA», weil der Hund im Buch vom Fahrrad gefallen ist. Es macht mich glücklich, wenn ich einen Kuchen backe und du ganz aufgeregt den weißen Hocker an den Tresen schiebst und hochkletterst und «Fanny auch backen» sagst, und deine Stimme beim «auch» diesen Glückskiekser nach oben macht, weil du dich so freust. Und ich dir die Packung mit den Eiern gebe, die aufgeschlagen werden müssen, weil ich dir immer die Eier aufhebe, und du die Eier nimmst und sie mit Entzücken (und Schale) in die Schüssel knackst. Es macht mich glücklich, wenn du singst, du singst noch gar nicht so lange, drei, vier Wochen vielleicht. Wenn ich Alicia Keys' «Empire State of Mind» anmache, breitest du die Arme aus und singst, «lalaaaa, lalaaaa». Es macht mich glücklich, dass dein erstes Wort gleich nach Mamapapa «Nein» lautete, eines der allerwichtigsten Wörter, die es gibt, finde ich, schon gleich für ein Mädchen, Himmel, wie lange ich gebraucht habe, um mir meine Neins zuzutrauen. Es macht mich glücklich, wenn du jeden, den du siehst, begrüßt, während du hinter mir auf dem Fahrrad sitzt, «Hallo, Kind» sagst oder «Hallo, Hund», manchmal begrüßt du auch die Tiere in den Büchern und den Stuhl in der Küche. Wie freundlich du bist. Und wie mitfühlend. Letzten Sonntag, als es geregnet hat, hast du meine Hand genommen und bist mit mir ans Fenster gegangen, um dir mit mir den Regen anzusehen. «Oh nee», sagte ich, «da wird dein Papa ja ganz nass» – eigentlich hatte ich nur laut gedacht, aber du warst ganz untröstlich. «Oh nein», hast du gesagt, «Papa nass.» Dann hast du dich vor das Fenster gestellt und gepustet, damit er schnell wieder trocken wird, «Papa pusten, Mama, Papa pusten», und ich musste auch pusten. Es macht mich glücklich, wenn du auch ein Handtuch zusammenlegen willst, während ich die Wäsche mache, und wie du dann dieses Handtuch nimmst und haargenau so ausschüttelst, wie ich es immer mache (irre, wie genau du alles nachmachst, manche Dinge an mir fallen mir erst auf, wenn ich sehe, wie du sie nachmachst, gestern hast du zu deiner Puppe «Naaaa, Süße?» gesagt, wie ich es manchmal zu dir sage). Es macht mich glücklich, wie du dir meine Ringe klaust und sie anziehst und sagst, dass es jetzt deine sind. Es macht mich glücklich, das Trappeln zu hören, wenn du nach dem Mittagsschlaf den Flur hinunterläufst, dein Kinderfußtrommelwirbel. Es macht mich glücklich, einen Strich an den Türrahmen zu malen und das Datum danebenzuschreiben, in den letzten vier Wochen bist du zwei Zentimeter gewachsen. Und wie ich gleich neben dem Strich über deinem Kopf auch einen Strich für Teddy an den Türrahmen malen musste, weil du darauf bestanden hast, dass auch Teddy gemessen wird. Es macht mich glücklich, mit dir eine Höhle zu bauen und in der Höhle zu liegen und die Cupcakes zu futtern, die wir nach der Kita manchmal kaufen, Schokolade mit Smarties für dich, Mokka für mich.

Heute bist du genau 100 Wochen alt. Ich habe jede davon geliebt, auch die, die ich nicht geliebt habe.

Es küsst dich
deine Mama

10. November
Dinge, die mir mein Kind gezeigt hat
[Immer etwas Schönes mit ins Bett nehmen]

Seit einer Weile packt sie vorm Schlafengehen immer ihren kleinen Koffer mit den Dingen, die ihr an diesem Tag wichtig waren. Und dann packt sie ihren kleinen Koffer wieder aus und legt all die Dinge unter ihr Kopfkissen und schläft glücklich darauf ein. Was man davon lernen kann? Immer etwas Schönes mit ins Bett nehmen, ein Buch, einen Tee, einen Plan, meinen Mann.

23. November
Es fängt gut an. Ich nehme seine Hand und schiebe meine kalten Füße zwischen seine Beine, er flucht kurz und lacht, dann gibt er mir einen Kuss und macht das Licht aus. Wir könnten jetzt schlafen. Oder vielleicht mal wieder nicht schlafen. Aber da höre ich es auch schon: Taps, taps, taps, «Papaaaa, Duast, Mamaaaa, Arm». Wie so oft zwischen Mitternacht und ein Uhr morgens krabbelt unsere Tochter zu uns ins Bett. Dann liegen 89 Zentimeter Kind zwischen uns, innig geliebtes Kind, aber Kind. Hinreißend, muffig, schlafwarm, außerordentlich talentiert als menschlicher Kreisel. Schwer zu sagen, was ich mehr vermisse: die Romantik oder den Schlaf.

Nein, das soll keine Klage sein. Wir haben schon viele schöne, gute Dinge gemeinsam gemacht, aber nichts auch nur annährend so Gutes wie dieses Kind. Es macht mich glücklicher, als ich je dachte, dass mich etwas glücklich machen kann, und ihm geht es nicht anders. Trotzdem hat dieses Kind alles verändert, uns verändert. Als würde man nicht mehr an Land, sondern an Bord eines Schiffes stehen. Mit der Zeit bemerkt man das Schwanken nicht mehr, aber die Wellen sind noch da: auf und ab, mal mit ruhiger See, mal mit Sturm. Manchmal sieht man den Horizont, und der Ausblick ist so schön, dass man den Atem anhalten muss. Manchmal sieht man kein Land mehr, nirgendwo, man kann bloß versuchen, nicht unterzugehen. Als mich eine Freundin neulich fragte, was das Elternsein eigentlich mit der Liebe anstellt, habe ich «Oh, ich liebe ihn sehr, mehr denn je, ich komme nur so schrecklich selten dazu» geantwortet und gelacht. Aber so richtig witzig ist das natürlich nicht.

Wir streiten kaum je über die großen Dinge, aber häufig über kleine. Manchmal habe ich schlimmen Schlafneid, ich wache schon auf, wenn das Kind sich zwei Zimmer weiter bloß umdreht, er wacht kaum auf, wenn das Kind auf seinem Gesicht sitzt, und schläft danach sofort wieder ein, als gäbe es da einen geheimen Knopf, den ich nicht habe: ein. Aus. Nichts, was ich ihm vorwerfen könnte, aber wem sollte ich es bitte sonst vorwerfen? Manchmal bin ich stinksauer, dass er nie, nicht ein einziges verdammtes Mal den Kaffee nachfüllt, aber immer eine Überschwemmung verursacht, wenn er Kaffee kocht. Kleinigkeiten, Kleinlichkeiten. Manchmal bin ich sauer, weil alles an mir hängenbleibt, die Wohnung, die Wäsche, die Urlaubsplanung, weil er nicht mitbekommt, was ich alles mache und tue (ich wollte nie zu jemandem werden, der den Alltag aufrechnet, vor allem, weil er dann zurückrechnet und ich unter dem Strich viel schlechter abschneide, als ich immer behaupte). Manchmal fühle ich mich alleingelassen. Manchmal erschrecke ich mich über mich selbst und darüber, wie ungnädig, pingelig und unentspannt ich bin, mit ihm, mit mir, mit dem Rest der Welt. Manchmal schäme ich mich, weil ich vor Müdigkeit und Erschöpfung heulen könnte (und heule), obwohl ich nie so glücklich war wie jetzt mit diesem Kind und obwohl es so dramatisch ja nun auch nicht ist. Aber manchmal fühlt es sich eben doch dramatisch an, weil es nie mal gut ist und nie genug, weil immer noch irgendetwas ist: Geld verdienen, Wäscheberge schrumpfen, krankes Kind zum Arzt bringen, gesundes Kind zum Impftermin, Dienstreise, selbst krank werden, Deadline einhalten, Kühlschrank auffüllen, Abendessen kochen, zum Elternabend gehen. Manchmal macht es mich traurig, wie viele unserer Abende wir in unseren Sofaecken verbringen, im Halbschlaf, Ganzschlaf oder mit Computer auf dem Bauch, noch Zeug erledigend. Manchmal habe ich Angst, dass unsere Liebe zu einem weiteren Punkt auf der endlosen To-do-Liste wird.

Und dann gibt es Wochen wie diese. Am Dienstag bin ich für zwei Tage auf Dienstreise nach Hamburg gefahren. Als ich am Nachmittag wieder nach Hause kam, war ich krank, Fieber, Schüttelfrost, das volle Programm. Er musste einen Text abgeben, aber er sagte nichts, er legte mich ins Bett und kümmerte sich um das Kind und machte eine Nachtschicht und ließ mich trotzdem ausschlafen und brachte das Kind zur Kita. Als ich aufstand, hatte er schon die Kaffeemaschine für mich gefüllt, ich musste nur noch auf den Knopf drücken, auf meinem Schreibtisch lag ein Apfel. Ich sah ihm an, wie müde er war, aber er sagte nichts, er fragte bloß, wie es mir ginge und ob er etwas für mich tun könne. Solche Gesten finde ich tausend Mal romantischer als einen Strauß roter Rosen. An solchen Tagen schäme ich mich für meine Zweifel und für mein Gejammere, dann fällt mir auf, dass ich den gleichen Denkfehler wie so oft in meinem Leben mache: immer (oder zumindest viel zu häufig) zu sehen, was da alles nicht ist. Statt zu sehen, was da ist. Es ist so viel.

Manchmal raffen wir uns auf und sind für einen Abend das Paar, das wir früher mal waren. Er trägt das weiße Hemd, in dem ich ihn so unsagbar sexy finde, ich überlege stundenlang, was ich mir anziehe, wir gehen essen und kichern und sind beschwipst, wir halten Händchen und teilen uns ein Dessert. Manchmal lockt er mich aus meiner Sofaecke oder ich ihn aus seiner, und es fühlt sich ein bisschen so an wie Verknalltsein mit 15, hoffentlich erwischt sie uns nicht. Manchmal, gar nicht so selten, zelebrieren wir das Zuhausebleiben mit Filmen und Picknick auf dem Sofa, und es fühlt sich nicht an, als würden wir etwas verpassen. Manchmal schreiben wir uns Briefe oder Postkarten mit der Post, es ist albern, einen Brief zur Post zu bringen, damit sie ihn wieder nach Hause sendet, aber schrecklich schön, einen Brief im Briefkasten zu haben, auf dem Worte stehen, die man sich für die schlimmen Tage aufbewahren kann. Manchmal, wenn gar nichts mehr geht, schicken wir einander weg, ein Tag frei, ohne Hetze, ohne Begründung, meistens habe ich schon nach zwei Stunden schreckliche Sehnsucht, aber das Vermissen tut gut – einen Schritt zurückzutreten, um zu sehen, was ich da eigentlich alles habe. Manchmal reden wir bis um zwei Uhr morgens, im Dunkeln, das Kind zwischen uns, über das Leben und über uns, was wir vermissen und was wir genießen, was wir uns wünschen und was wirklich nervt. Im Dunkeln kann ich besser sagen, was ich denke oder wovor ich Angst habe, ich glaube, es geht ihm nicht anders, manchmal heule ich in Nächten wie diesen auch einfach einen Riesenknoten Anspannung weg. Es tut so gut, richtig miteinander zu reden, jenseits von bloßer Organisation zu hören, wie es ihm geht, mich sagen zu hören, wie es mir geht. Vielleicht sollten wir diese Nächte planen, statt sie einfach passieren zu lassen, sie sind die beste Liebesversicherung, die ich mir vorstellen kann. Zu wissen, dass sich der Mensch, mit dem man gemeinsam lebt und ein Kind hat, wirklich für einen interessiert, zuhört, hinhört, mitfühlt, zu wissen, dass er mein Zuhause ist und dass die Liebe nicht verschwindet, sondern auch bloß müde ist.

Das sind wir beide, gut sieben Jahre nach unserem ersten Date, zwei davon mit einer Tochter. Müde, nicht bloß vom selten Durchschlafen, manchmal besorgt, zu selten diplomatisch, zu oft empfindlich, andauernd krank, nicht andauernd glücklich, aber ganz schön oft, herdengewärmt, entzückt, erstaunt, verliebt, in unser Mädchen, ineinander, in unser verdammt gutes Leben.

23. November

Ob ich sie noch liebe, will sie manchmal wissen, in diesen Augenblicken, in denen sie sich das selbst nicht mehr vorstellen kann, weil sie zu müde, zu dünnhäutig, zu unzugänglich ist und viel zu überfordert davon, die Frau zu spielen, von der Frauen glauben, dass es Männern leichtfällt, sie zu lieben.

Die Sache ist: Ich liebe sie mehr als je zuvor, mehr als vor sieben Jahren, in denen es uns beiden noch sehr viel leichter fiel, einander etwas vorzuspielen (und aneinander zu übersehen, was sich nicht überspielen ließ). Ich liebe sie heiß und innig, mein einziges Problem besteht darin, dass es in unserem Leben nur noch sehr wenige Lücken gibt, in denen heiß und innig Platz findet. Wenn das Kind im Bett ist, braucht man ja erst eine halbe Stunde, um irgendeinen Kinderliedohrwurm loszuwerden oder die Duplo-Steine einzusammeln oder die Kuscheltiere wieder einzufangen, dann eine weitere halbe Stunde, um einander vom Tag und Kind zu erzählen, und noch eine Stunde, in der man nebeneinander schweigend auf dem Sofa herumfläzt, dabei Nachrichten und Weblogs liest, MP3s umsortiert oder irgendwas bei einem Onlineshop bestellt und dabei vergisst, dass man jetzt meistens nur Mama und Papa und berufstätige Frau und Mann ist, und dann ist es schon wieder kurz nach Mitternacht und längst zu spät für heiß und innig, vor allem weil man weiß, dass das Kind früh aufsteht, um die Kuscheltiere herumzutragen und Duplo-Steine zu verteilen. Morgen also. Oder übermorgen. Oder irgendwann.

So ungefähr sind jetzt viele unserer Abende (an den anderen fiebert das Kind, oder es hat schlechte Träume oder keine Lust zu schlafen), und ich liebe sie, jeden einzelnen Abend, auch wenn ich es mir nicht oft anmerken lasse. Nein, ich bin nicht verrückt, überhaupt nicht. Ich kann mir mein Leben bloß nicht schöner vorstellen, als es gerade ist. Und das hat nicht alles, aber ziemlich viel mit der Liebe zwischen uns beiden zu tun.

Denn da ist sie. Diese Frau. Die mein Herz noch immer stolpern lässt, von einer Sekunde auf die andere, es braucht keine besonderen Anlässe dafür. «Du siehst so gut aus», sage ich dann zum Beispiel, als würde ich sie zum ersten Mal sehen, und eigentlich will ich etwas anderes sagen, es fällt mir bloß nicht ein. Dass ich mich nicht sattschauen kann an ihr, es nicht aufhören soll, ich mich nicht einkriegen kann über ihre Existenz, irgendetwas in dieser Art. «Du bist irre», sagt sie darauf. Weil sie Augenringe hat und keine Schminke und noch nicht geduscht hat und ihren Schlunzpulli trägt, sie also nicht gut aussehen kann. Befindet sie.

Aber ich mag die Augenringe und die Müdigkeit und den Schlunzpulli und vor allem das Leben, das zu ihnen gehört. Keinem anderen Leben durfte ich je so nahekommen, keines hat sich weniger vor mir versteckt. Die Frau mit Augenringen und im Schlunzpulli hat keine Angst, sich auf alles Mögliche gleichzeitig einzulassen, auf das Kind und die Arbeit, auf mich und den Versuch, dabei sie selbst und mit alldem glücklich zu bleiben. Sie ist zwar müde und mürbe und matschig, aber nie böse, sie schlägt nie um sich. Sie ist neugierig auf das, was vor ihr liegt. Sie freut sich auf das Abenteuer, in das sie aufgebrochen ist (und hat irgendjemand gesagt, dass Abenteuer zwischendrin nicht manchmal zäh, überfordernd und stärker sind als man selbst?). Das alles ist die Frau, die neben mir auf dem Sofa liegt: Laptop auf dem Bauch, Schokolade und Kaffee in Griffweite, sich in Weblogs, Kochrezepten, Bundesligatabellen verlierend, weil das ihr Durchatmen nach einem harten Tag ist und weil sie zu anderem gerade keine Kraft hat und Lust auch nicht. Das ist sie, da neben mir auf dem Sofa: eine warmherzige neugierige Frau, für die es ein Abenteuer und ein Glück ist, ein Kind zu haben, zu all den Formen von Glück, die sonst in ihr sind. Dass sie so sein würde, wusste ich nicht, weil man das nicht wissen kann, niemand kann wissen, wie jemand sein wird, sobald er ein Kind hat. Sie ist als Mutter noch toller geworden, als sie vorher schon war. Mutiger, zäher, wärmer, alberner, entschiedener, mehr bei sich.

Und was die Frau betrifft, von der Frauen glauben, dass es Männern leichtfällt, sie zu lieben: Wenn sie jetzt aufstünde mit ihren Augenringen und in ihrem Schlunzpulli und ins Bad ginge, käme sie nach einer halben Stunde sehr spektakulär wieder zurück. Das weiß ich. Und dass sie eine ist, von der ich so etwas wissen kann, finde ich sexy. Auch wenn es um sexy gerade nicht geht.

Was ich eigentlich sagen wollte: Jajajajajaja.

Aber das geht doch nicht, sagt eine innere Stimme, und manchmal klingt die innere Stimme wie die Stimme der Frau, die ich liebe. Du kannst nicht einfach alles wegschwärmen. Du kannst nicht so tun, als wäre alles leicht und mühelos und zweifelsfrei. Das glaubt dir doch keiner.

Stimmt ja alles.

Zwei Menschen, die fast jeden Abend rechtschaffen müde nebeneinander auf dem Sofa liegen, bis sie ins Bett übersiedeln können, hält man nicht unbedingt für ein Liebespaar. Möglicherweise liegt das aber gar nicht an diesen zwei Menschen und ihren ganz und gar nicht elektrischen Gesprächen, sondern an den Ideen und Bildern, die über die Liebe in Umlauf sind (übrigens auch bei den beiden Menschen auf dem Sofa). In diesen Ideen und Bildern ist eines nicht vorgesehen: dass Liebe müde wird oder auch nur mal gähnt. Liebe ist das Gegenteil von Müdigkeit, ein ewiges Hellwachsein, Reden bis zum Sonnenaufgang, unerschöpfliche Leidenschaft, sich ständig selbst erneuernde Aufregung, permanente Verzückung, aufgeputschte Glückseligkeit, eine emotionale Droge, ein Wahnsinnsstoff. Sobald seine Wirkung nachlässt, geht ein Alarm los: Dass wir jetzt nicht mehr jede Nacht miteinander schlafen und danach nicht mehr stundenlang reden, dass wir unsere Zeit jetzt nicht mehr immer nur zu zweit verbringen wollen und uns manchmal überhaupt nicht mehr einfällt, was wir einander erzählen könnten, das alles kann doch nur bedeuten, dass die Liebe gerade schwindet. Und wenn wir nicht sofort etwas unternehmen, wird sie in kürzester Zeit weg sein.

Nicht erst seit ich ein Kind habe, machen mich solche Vorstellungen oft ein wenig sauer. Weil sie so sehr am Leben vorbeigehen. Weil sie die Liebe im Zustand ihres Ausbrechens, im Zustand des Verballertseins, konservieren wollen und ihr nicht die Freiheit geben, sich selbst auszusuchen, welche Wege sie geht. Weil sie oft genug nach dem Optimierungsblödsinn klingen, mit denen Menschen ständig traktiert werden (tolle Unterwäsche kaufen! Romantikwochenenden! Ja nicht gehenlassen!). Und weil in dieser Vorstellung die Liebe so aussieht, als wäre sie eine Fernsehserie, in der 500 Folgen lang Feuerwerke in den Himmel geschossen werden.

Ich kann mir nichts Langweiligeres vorstellen.

In der Serie, in der ich gerne mitspielen würde, gibt es Entwicklungen, Tempowechsel, Rahmenhandlungen, die man nicht sofort begreift, Erzählbögen, die erst nach ein paar Wochen aufgehen, öfter mal Streit und Durchhänger. Und keiner weiß in der dritten Staffel, was in der zehnten passieren wird. Nur, dass niemand rausgeschrieben wird. Es ist ja Liebe, wovon wir hier reden.

Große Liebe.
Jajajajajaja.

4. Dezember

Manchmal erwische ich mich bei meiner Mutti-Stimme. Meine Mutti-Stimme ist hoch und säuselig und zuckriger, als man ertragen kann, leider habe ich sie nicht immer im Griff. Gestern zum Beispiel. Das Kind zog sich ganz alleine die Gummistiefel an, zum zweiten Mal an diesem Tag, schon am Morgen hatte das bemerkenswert reibungslos funktioniert, also sagte ich zur Erzieherin: «Guck doch mal, wie toll sie sich die Gummistiefel anzieht, GAAANZ ALLEINE, IST DAS NICHT SUUUPER?» Die Erzieherin grinste, dann sagte sie: «Eigentlich macht sie das schon seit drei Wochen.»

So ergeht es meinem Glauben, mein Kind besser zu

kennen als sonst jemand auf der Welt, in letzter Zeit häufiger. Immer öfter dürfen wir nicht mehr mit dem Abendbrot beginnen, ohne davor ein ganz bestimmtes Lied zu singen, von dem ich noch nie in meinem Leben gehört habe und zu dem es eine Choreographie gibt, die Take That ziemlich blass aussehen lässt. Habe ich endlich begriffen, welches Lied gemeint ist, und alle Handbewegungen gelernt, gibt es schon wieder ein neues. Wenn ich frage, was es zum Mittagessen gab, lautet die Antwort eigentlich immer: «Nudäln». Wenn ich frage, wie es in der Kita war, antwortet sie entweder: «Gut» oder «Doof». Ich weiß von den Erzieherinnen, mit wem sie gerade gerne spielt. Ich weiß von den Erzieherinnen, dass sie gerade gerne Orangen isst (die sie zu Hause nie eines Blickes würdigt). Und ich weiß von den Erzieherinnen, dass sie auf dem Weg zum Spielplatz alle zum Lachen gebracht hat, als sie beim Anblick einer Frau, die mit einem Dackel und einem Mops unterwegs war, sehr unüberhörbar rief: «Guck, Hund und Schwein!» In solchen Momenten möchte meine Mutti-Stimme fragen, seit wann es in ihrem Leben Bereiche gibt, zu denen ich keinen Zutritt mehr habe. Aber ich halte zur Abwechslung einfach mal die Klappe und sehe ihr lieber beim Großsein zu.

7. Dezember
Dinge, die mir mein Kind gezeigt hat
[Dass die Doofies nicht zum Geburtstag dürfen]

An manchen Tagen kommt mir das Leben wie eine Idiotenvollversammlung vor – mittendrin ich, nicht minder idiotisch darin, mir die Idiotien der Idioten auch noch reinzuziehen. Die junge Frau, vielleicht 25 Jahre alt, die sich in der Straßenbahn vor Fanny und mir völlig ungerührt und so extralaut, dass wir es nicht überhören können, darüber unterhält, wie grauenvoll sie Kinder findet und wie supernervig, dass die Straßenbahn immer voller Kinderwagen ist und wie man heutzutage denn bitte auf die Idee kommen könne, Blagen in die Welt zu setzen, was dabei rauskommt, hätte sie ja neulich erst bei dieser Geburtstagsfeier gesehen, als eine gewisse Yvonne ihre kleine Tochter mitgebracht hatte, die alle voll süß fanden, nur sie nicht, da wär ihr ja ein Köter lieber gewesen. Die Fahrgäste eines gutbesetzten Busses, die mir nicht halfen, als ich den Kinderwagen beim Aussteigen so blöd in der Lücke zwischen Bordstein und Bus einklemmte, dass ich ihn nicht mehr herausbekam, panisch wurde, weil ich ja wusste, dass der Bus gleich weiterfahren würde, und um Hilfe bat, aber keiner half, und nachdem ich das weinende Kind aus dem eingeklemmten Kinderwagen gezogen und zum Busfahrer gelaufen war, um ihm zu sagen, dass er bitte nicht losfahren soll, dann endlich ein Mann aufstand, um sich vor mich zu stellen und mir zu sagen, dass man mit einem Kinderwagen so dämlich ja nun wirklich nicht aussteigen könne, die ganz falsche Technik wäre das, wie man das denn nicht wissen könne als Mutter. Die Kinderärztin, die Fanny dafür ausschimpft, dass sie keine Lust hat, sich untersuchen zu lassen, andere Kinder seien da nicht so zimperlich und würden gleich losheulen und die seien sogar jünger als sie. Und, und, und. Die Teilnehmerliste der Idiotenvollversammlung ließe sich beliebig weiterschreiben. Ich kann mich leider stundenlang über solche Dinge ärgern. Schlauer und deutlich entspannter wäre es, es öfter wie Fanny zu halten, wenn jemand sie ärgert und sich diesen einen Satz zu denken, den sie von ihrer großen Freundin gelernt hat: «Nicht Burtstag!» Ich finde, das ist eine gute Haltung gegenüber den Deppen dieser Welt. Du darfst nicht zu meinem Geburtstag, du bleibst draußen aus meinem Leben, die Party findet ohne dich statt. Also red ruhig weiter, ich hör schon mal weg.

11. Dezember
Auf der Website der BBC kann man sein Geburtsdatum eingeben und ausrechnen lassen, der wievielte Mensch auf Erden man ist. Als ich geboren wurde, war ich der 78.649.138.505. Mensch und unter den Lebenden der 4.204.673.129. Fanny ist der 83.086.407.840. Mensch, der je auf der Erde gelebt hat, und unter den Lebenden der 6.924.605.155. Mensch. Diese Zahlen anzusehen ist ein bisschen so, als würde man nachts in den Sternenhimmel gucken.

14. Dezember

Liebe Fanny,

normalerweise muss ich nicht eine Sekunde nachdenken, wenn ich dir schreibe. Ich setze mich hin, und die Sätze kommen von alleine, ich muss ja nicht mehr tun, als aufzuschreiben, wie wunderbar du bist.

Auch in diesem Brief könnte ich dir viel von dem kleinen Mädchen erzählen, das jetzt zwei Jahre alt ist. Heute Morgen bist du aufgewacht und hast «Twinkle, twinkle, little star» gesungen. «Twinkle, twinkle little star, how I wonder what you are, up above the world so high, like a diamond in the sky» – es klang nicht ganz so, aber ich konnte es erkennen. Schließlich habe ich dir dieses Lied hundert Mal zum Einschlafen vorgesungen, manchmal hast du ein Wort mitgesungen, manchmal auch zwei, aber nie das ganze Lied, doch heute Morgen, als wäre es gemeinsam mit dir aufgewacht, war es plötzlich da. Vor zwei Tagen sind wir zum ersten Mal Schlitten gefahren, und du wolltest immer weiter und weiter fahren, obwohl du schon eiskalte Hände hattest. Du tröstest jeden, der dir traurig vorkommt, auch die Biene Maja im Bilderbuch, wenn sie weinend auf einem Blatt liegt – sobald du Maja und ihre Träne siehst, pustest du auf die Seite und fragst: «Besser?» Du willst dir nicht mehr helfen lassen, du willst dir die Schuhe alleine anziehen, alleine deinen Schlafanzug aussuchen und die Zähne putzen, «Fanny leine» sagst du immer, und auf deiner Stirn erscheint diese senkrechte «Och, Mama, das ist doch jetzt nicht dein Ernst, du weißt doch, dass ich ZWEI bin»-Falte, die keinen Zweifel daran lässt, dass es dir Ernst ist. Du magst nicht mehr ungefragt geküsst werden und küsst sehr stürmisch, wenn man dich nicht danach fragt. Neulich, als dein Papa verreist war und wir beide vom Kinderarzt kamen, sind wir gemeinsam in die Videothek gegangen. Du hast dir einen Film ausgesucht und keine drei Sekunden dafür gebraucht, der mit dem Pinguin vorne drauf, und kein anderer, «Pinguin, Mama, PINGUIN!». Wir haben uns aufs Sofa gesetzt, mit allen Kissen, die wir in der Wohnung hatten, einer großen Decke und zwei kleinen Schüsseln Chips, du hast noch die Felle aus deinem Zelt geholt und dazugelegt, dann haben wir uns «Happy Feet» angesehen, bis du lieber tanzen wolltest wie der Pinguin im Film. Nach ein paar Minuten musste ich mittanzen, «Pinguin-Tanzen, mehr, Mama, noch mal, Mama, Pinguin-Tanzen!». Unser erster Film-Nachmittag.

Heute möchte ich dir aber noch etwas anderes erzählen, ich möchte dir erzählen, worüber ich in der Nacht zu deinem zweiten Geburtstag nachgedacht habe, als ich nicht schlafen konnte. Die letzten zwei Jahre haben mich zum glücklichsten Menschen gemacht, der ich je war. Womit ich nicht gerechnet hätte: wie selbstverständlich es sich anfühlt, deine Mama zu sein. Ich war nicht unglücklich, bevor ich Mama wurde, aber irgendwie ortlos. Immer auf der Suche nach etwas, dem besseren Job, dem richtigeren Leben, einer Wahrheit hinter allem. Antworten suche ich heute immer noch, wahrscheinlich gehört das einfach zu mir, dieses ewige Sichsehnen, manchmal weiß ich nicht einmal genau, wonach. Aber morgens, wenn ich aufwache, und abends, wenn ich einschlafe, weiß ich, wo ich hingehöre. Völlig egal, ob die Welt gerade kopfsteht, ob der Tag wunderschön oder eine Katastrophe war. Du bist die schönste Gewissheit, die ich je hatte.

Ich weiß jetzt, wie unumstößlich ich sein kann. Ich weiß jetzt, dass ich eine Schulter sein kann und ein Arm, eine Hand und ein Ohr. Ich weiß jetzt, dass meine Worte Albträume verscheuchen können. Ich weiß jetzt, wie viel Kraft ich habe, egal, wie erschöpft ich bin. Und ich weiß jetzt, dass das Glück, nach dem ich immer gesucht habe, direkt vor meiner Nase liegt.

Noch etwas hast du geschafft: Ich mag die Welt jetzt mehr, als ich sie bisher schon gemocht habe. Nicht nur, weil du jetzt da bist. Sondern auch, weil ich, wenn ich dir beim Großwerden zusehe, immer wieder bemerke, wie interessant, schön, aufregend die Welt da draußen ist. Du hast noch die Angewohnheit, die Erwachsene wie ich schon lange gezähmt haben: Du siehst hin. Du staunst. Du freust dich. Ein Nachmittag mit dir und deinem Staunen bringt mir selbst wieder das Staunen bei. Mein Kopf ist oft so voll mit dem Gestern und Heute und Übermorgen. Und dann sehe ich dich und den Moment, der dir alles ist und genug. Danke, dass du mich daran erinnerst. Für alles andere auch.

Es küsst dich
deine Mama

Jetzt
Heute zum Beispiel. Wir haben uns zum Frühstück ein Blech Croissants gebacken und Butterflocken auf ihnen schmelzen lassen. Wir sind rausgegangen, nach ein paar

Regentagen war der Himmel so blau, dass man bei seinem Anblick die Augen zusammenkneifen musste, also gingen wir auf den Markt und kauften ein kleines Picknick und trugen alles nach Hause, um es bei offener Terrassentür auf dem Sofa zu essen. Dann bauten wir einen riesigen Duplo-Zoo für das Mini-Schaf und den Hund und das Schwein, die sie zum Geburtstag bekommen hatte. Wir spielten eine Runde «Ding, dong, hier ist der Briefträger, eine wichtige Eilsendung für Frau Fanny, bitte hier unterschreiben» und haben ungefähr 27 Mal «Kamfu mir helfen?» gelesen, obwohl sie das Buch schon fast auswendig kann, aber wehe, ich lese nur ein einziges Wort falsch vor. Während er uns eine Pfanne Shakshuka machte, die nach großen Ferien schmeckte, setzten wir uns in die Badewanne, die wir Badewanne nennen, obwohl sie bloß eine Dusche ist, in die man sich so gerade eben reinsetzen kann, klein, aber groß genug, und machten uns ein Schaumbad. Nach dem Abendbrot maunzte sie herum, weil sie keine Lust hatte, den Schlafanzug anzuziehen und überhaupt ins Bett zu gehen und die Zähne zu putzen, bis ich sie fragte, ob der zähnefletschende Tiger, den sie beim Zähneputzen neuerdings immer für mich macht, damit ich auch an die Backenzähne komme, über Nacht vielleicht noch größer und gefährlicher geworden ist, und sie macht «Rrrooooaaarrr» und «Ahhhhhhhh», und der Tiger war tatsächlich gewachsen und brandgefährlich, und ich musste mich beim Zähneputzen schrecklich fürchten. Sie wollte nicht schlafen, überhaupt nicht, sie wollte noch singen und lesen und lesen und singen, bis sie einschlief, innerhalb von drei Sekunden. Später habe ich mir mit ihm einen Film angesehen, Sandra Bullock verschollen im Weltall, ziemlich gute Geschichte, und er machte mir noch eine Tasse dampfend heißen koffeinfreien Kaffee, weil er weiß, wie gerne ich den vorm Schlafengehen trinke, dann gingen wir ins Bett.

So wie dieser Samstag ist das Leben gerade oft. Nicht sonderlich spektakulär, nicht immer frei von Ärgernissen und Anstrengungen, von schlechten Nachrichten, schlechten Tagen und sich schlecht benehmenden Menschen – aber am Ende jeden Tages fast immer: gut. Schön, reich, dankbar machend. Keine Ahnung, ob es nur am Elternsein liegt, dass das Leben so eine Klarheit bekommen hat. Dass es sich zum ersten Mal anfühlt, als wäre ich näher an meinem eigenen Leben dran oder zum ersten Mal: identisch mit meinem eigenen Leben – nicht zwei, drei Zentimeter, nicht Lichtjahre von mir entfernt. Man findet diese Art Gewissheit, ein Gefühl dafür, was man will und nicht (mehr) will, was man zulässt und nicht (mehr) zulässt, was wichtig, was weniger wichtig und unwichtig ist, wahrscheinlich einfach beim Älterwerden. Diese Dinge bringt einem das Leben bei, ob mit oder ohne Kinder. Ohne Kind hätte ich vermutlich länger gebraucht – schon weil ich mich nicht gefragt hätte, was für ein Leben ich diesem kleinen Menschen eigentlich zeigen möchte, was für eine Mama ich ihm sein möchte, wie dieser Mensch sein soll, der ihn ein Stück des Weges begleitet. Und natürlich ist da auch noch dieses kleine Mädchen, das mir so viel übers Leben beigebracht hat und über die Liebe.

Früher war meine Vorstellung vom Glück eine ziemlich spektakuläre Angelegenheit, ganz großes Kino. Ich träume auch immer noch davon, für eine Weile in New York zu leben, ich glaube allerdings, dass mich in New York genau die gleichen Dinge glücklich machen würden, die mich auch in Berlin glücklich machen. Tage, die keinen Oscar gewinnen würden, weil das Aufregendste, das in ihnen vorkommt, eine Pfanne Shakshuka und ein Duplo-Zoo ist. Es gibt auch keine seufzenden Geigen, der Soundtrack dieses Films kommt aus einem tragbaren CD-Player, der in endloser Wiederholung: «Aramsamsam, aramsamsam, oh gulli gulli gulli gulli ramsamsam» und «Hände waschen, Hände waschen, muss ein jedes Kind, Hände waschen, Hände waschen, bis sie sauber sind» spielt. Unsere Tage ähneln einander. Es ist genau die Art Leben, die meine schlaue Freundin Melanie in einem ihrer Blog-Einträge «Das ‹kleine› Kino» genannt hat: «Und dabei gibt es doch wirklich nichts Besseres, Erleichterndes als die Einsicht, dass es das jetzt einfach ist», schrieb sie vor ein paar Monaten auf «Hello Petersen». «Ich mag den Satz ‹Enjoy it. Because it's happening› des amerikanischen Schriftstellers Steven Chbosky deshalb so sehr (...). Der Spruch sagt nämlich: Das isses jetzt! Und: wie schön, dass es das jetzt ist! Auch, wenn's nur Alltag ist. Und ist nicht auch der oft total schön?»

Das ist er. Der Alltag mit seinen Kleinigkeiten und Großartigkeiten. Nein, ich bin nicht wunschlos glücklich, vielleicht eher: wunschvoll. Viele Pläne im Kopf, aber Pläne, die nicht rumoren, sie haben Zeit, sie werden sich schon finden, sich ändern, vielleicht auch wieder verschwinden, mal schauen. Die Zukunft und die Superlative, die ich mir früher so oft für sie ausgedacht habe, sind nicht mehr so wichtig wie der Moment.

Wie das Gefühl, zu Hause zu sein in diesem Leben, das mich oft völlig fertigmacht und viel öfter irre glücklich.

Mein großer Dank geht

an die Leser meines Weblogs. Danke für eure Anteilnahme, Loyalität, eure Kommentare und E-Mails, für euer stilles Lesen und eure Fernwärme. An meine Lektorin Susanne Frank, die lange vor mir an mich und an dieses Buch geglaubt hat. An meinen Agenten Marko Jacob. Marlene fürs Marlenesein. Stepha und Marie fürs Durchdick-und-dünn- und Spazierengehen. Hanna für ihre Ermutigungen. Steffi fürs Beruhigen und Beraten. Melanie für «Enjoy it. Because it's happening». Silke. Kati und Sam. Jane und Philipp. Kirsten. Karolina und Jimi. Theresa. Und an alle anderen Freunde fürs Mitfreuen, fürs Mutmachen und fürs Freundsein. Danke an meine flair-Kollegen. Und an Anke Helle und die Nido-Redaktion. Danke meiner Hebamme für ihre Kraft, ihre Weisheit und ihren Rat. Danke an Angela, Anne, Antonella, Ella, an Mimi, Lorena, Simon und Sophia für ihre großen Herzen. An Aiko. An Julia für Rat und Tat und alles andere, an Arno, Emma (auch für Charlotte) und Paul. An Katja und Jürgen. An meine Mama und meinen Papa. Und an die beiden großen Lieben meines Lebens.

Quellenverzeichnis

Seite 36/37: Anna Quindlen: «Living Out Loud», Ballantine Books, 1994 (eigene Übersetzung).
Seite 45: Mia Nolting: «Book of Lists», http://www.flickr.com/photos/manysmallguesses/sets/72157612887147388.
Seite 58: Michalis Pantelouris: «Am Boden, zerstört» in Neon, 2008.
Seite 77/78: Walt Whitman: «Grashalme», Verlag Philipp Reclam jun. Leipzig, 1981.
Seite 84: Wham!: «Last Christmas» (Single), Epic, 1984.
Seite 90: Garbage: «The Trick Is To Keep Breathing» auf «Version 2.0», Mushroom, 1998.
Seite 96: Ryan Adams: «Wish You Were Here» auf «Rock N Roll», Lost Highway, 2003.
Seite 100/101: Anne Lamott: «Operating Instructions – A Journal of My Son's First Year», Ballantine Books, 1994 (eigene Übersetzung).
Seite 102–105: Marlene Sørensen: E-Mail.
Seite 108: Oasis: «Wonderwall» auf «(What's The Story) Morning Glory?», Helter Skelter, 1995.

Seite 120/121: Hetty van de Rijt und Frans X. Plooij: «Oje, ich wachse! Von den acht ‹Sprüngen› in der mentalen Entwicklung Ihres Kindes während der ersten 14 Monate und wie Sie damit umgehen können», Mosaik bei Goldmann, 1998.

Seite 121/122: Anna Quindlen: «Loud and Clear», Ballantine Books, 2005 (eigene Übersetzung).

Seite 142–146 und Seite 158–160: Okka Rohd: «Haustausch mit Familie», Nido, 02/2012 (hier in abgeänderter Form).

Seite 187: Gisbert Zu Knyphausen: «Melancholie», auf «Hurra! Hurra! So Nicht», PIAS Germany, 2010.

Seite 191–195: Okka Rohd: «Tschüss, Baby!», Nido 11/2013 (hier in abgeänderter Form).

Seite 223–231: Peter Praschl & Okka Rohd: «Und wo bleibt die Liebe?», Nido 06/2013 (hier in abgeänderter Form).

Seite 240: Melanie Petersen: «Das «kleine» Kino», http://hellopetersen.wordpress.com/2013/06/24/das-kleine-kino.

Manche der Texte in diesem Buch wurden bereits auf meinem Weblog *Slomo* oder in der Zeitschrift *Nido* veröffentlicht und für dieses Buch überarbeitet. Die Texte von meinem Mann Peter Praschl sind in einer anderen Schrift gesetzt. Die Namen einiger Personen wurden geändert, an einigen Stellen auch die Chronologie.

Ein Mutterfragebogen

1. Wie geht's dir?

2. Was macht dich gerade glücklich?

3. Was weniger?

4. Ist es in Ordnung, vorm Kind zu fluchen?

5. Wie fluchst du denn am liebsten, wenn das Kind es nicht hören kann?

6. Welche Ausdrücke waren in deiner Kindheit verboten?

7. Hat dich das Muttersein müde oder auch wach gemacht?

8. Welche drei Dinge wünschst du dir von deinem Partner gerade am meisten?

9. Was stünde wohl auf seiner Wunschliste?

10. Was findest du an deinem Kind gerade besonders hinreißend?

11. Pink und «Hello Kitty», Hellblau und Laserschwerter – okay oder nicht?

12. Welche Wünsche würdest du deinem Kind gerne ausreden?

13. Wie groß, denkst du, ist dein Recht, seinen Geschmack mehr oder weniger subtil in bestimmte Bahnen zu lenken?

14. Wenn du wählen könntest zwischen deinem Vor-Schwangerschafts-Körper und dem Körper, den du jetzt hast, welchen hättest du lieber?

15. Was ist das Kindischste an dir?

16. Der schönste Moment deiner Kindheit?

17. Hast du das schon damals als Kind so empfunden, oder ist es ein Erwachsenengedanke, dass es einen schönsten Moment gegeben hat?

18. Was möchtest du deinem Kind gerne zeigen?

19. Was würdest du gerne vor ihm verstecken?

20. Fragst du dich oft, ob du eine gute Mutter bist?

21. Was ist in deinen Augen eigentlich eine gute Mutter?

22. Ist es schwerer, eine gute Mutter als ein guter Vater zu sein?

23. Wie immer deine Antwort gerade ausgefallen ist: Empfindest du das als ungerecht?

24. Wie nennen wir das jetzt, was Frau und Mann untenrum haben?

25. Würdest du gerne mehr Kinder- und Alltagskram an deinen Partner abgeben?

26. Gelingt es dir, ihm die Dinge auf seine Art tun zu lassen?

27. iPad- und Handy-Spiele für Kinder: gute Sache oder schlechte Idee?

28. Kinderbücher: gute Sache oder schlechte Idee?

29. Welche Antwort ist dir leichter gefallen?

30. Auf einer Skala von 1 bis 10: Wie geduldig bist du?

31. Und wie genervt?

32. Wie sehr stören dich diese Werte?

33. Von welcher Charaktereigenschaft hättest du gerne mehr abbekommen?

34. Dein liebstes Kuscheltier als Kind?

35. Weißt du noch, wann dieses Kuscheltier aus deinem Leben verschwunden ist?

36. Was hast du dir vor der Geburt deines Kindes für dein Leben vorgenommen?

37. Hast du es gehalten, gebrochen, ist etwas dazwischengekommen, oder hast du dir erst gar nichts vorgenommen?

38. Wo hört der Spaß auf?

39. Wünschst du dir, dass deine Arbeit als Mutter mehr anerkannt wird?

40. Findest du das Wort «Arbeit» in diesem Zusammenhang passend?

41. Kannst du selbst gut anerkennen, was du als Mutter tust?

42. Ein Gegenstand deines Kindes, den du ewig aufbewahren wirst?

43. Wie hast du dir als Kind das Großsein vorgestellt?

44. Ist es besser oder schlechter geworden oder einfach bloß: anders?

45. Wärst du gerne noch einmal zehn?

46. Welches Spiel deines Kindes langweilt dich zu Tode?

47. Was hast du durchs Muttersein über dich und die Welt gelernt?

48. Verstreicht die Zeit mit Kind schneller als früher, langsamer oder gleich schnell?

49. Kurz mal vorgespult: ein Sonntagmorgen, dein Kind ist 16 Jahre alt. Was tut ihr?

50. Hast du mehr oder weniger Angst, seit du Mutter bist?

51. Wovor ganz besonders oder nicht mehr?

52. Welche Momente mit deinem Kind machen dich extraglücklich?

53. Kindergarten-Basteleien: Aufheben oder (heimlich) wegwerfen?

54. Was war deine unnötigste oder beknackteste Anschaffung fürs Kind?

55. Was machst du ganz anders als deine Eltern?

56. Um etwas besser zu machen? Um etwas nicht so falsch zu machen? Oder weil du einfach ein anderer Mensch bist?

57. Was machst du genau wie sie?

58. Dein liebstes kleines Familien-Ritual oder Ritual mit deinem Kind?

59. Was würdest du an einem freien Wochenende ohne Kind tun?

60. Wenn du dir als Mutter etwas wünschen dürftest, von der Gesellschaft, der Politik, von wem auch immer – was wäre das?

61. Wie geht's der Liebe?

62. Was würdest du einer kinderlosen Freundin nicht erzählen, wenn sie dich fragt, wie das Elternsein wirklich ist?

63. Wann hast du zuletzt über eine andere Mutter den Kopf geschüttelt?

64. Wann hat eine andere Mutter zuletzt über dich den Kopf geschüttelt?

65. Wie erlebst du ganz generell den Umgang von Müttern untereinander?

66. Wärst du ohne Kind glücklicher, weniger glücklich oder ganz genauso glücklich wie mit Kind – oder hast du dir diese Frage nie gestellt?

67. Fragst du dich heute manchmal, was du früher mit all der Zeit angefangen hast?

68. Wonach hat deine Kindheit geschmeckt?

69. Und wie findet dein Kind diesen Geschmack?

70. Wie funktioniert das für dich: Arbeit und Familie?

71. Der lustigste Blödquatsch, den du mit deinem Kind gerne machst?

72. Fühlst du dich als Mutter manchmal einsam?

73. Die schönste Wortschöpfung deines Kindes?

74. Wie würdest du ihn als Vater beschreiben?

75. Und dich als Mutter?

76. Was vermisst du?

77. Bärchenwurst?

Das für dieses Buch verwendete FSC®-zertifizierte Papier
Holmen Book Cream liefert Holmen, Schweden.